최적의 뇌를
만드는
뇌과학자의
1분 명상

최적의 뇌를 만드는 뇌과학자의 1분 명상

당신의 굳은 뇌를
가장 빠르고 쉽게
풀어주는 과학

1 minute

Neuroscientist's
One-Minute Meditation

가토 토시노리 지음
김지선 옮김

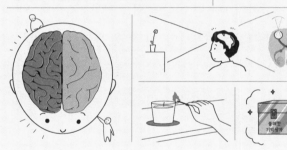

더퀘스트

당신의 뇌는 아직 바뀔 수 있다

저는 지금까지 1만 명 이상의 뇌를 관찰했습니다. 뇌 자기공명영상 사진을 이용하면 '뇌 속'을 볼 수 있습니다. 뇌 사진이 주는 수많은 정보를 진료에 활용해, 유아부터 고령에 이르기까지 연령대가 다양한 사람들의 뇌를 진단하고 치료했습니다.

의사로서 진료에 힘을 쏟으면서도 뇌의 가능성을 최대한 살려보고자 두뇌학교를 설립했습니다. 개개인의 뇌를 자세히 분석하면 뇌의 건강상태나 발달장애 등의 징후를 엿볼 뿐 아니라 각자의 능력과 개성까지도 읽을 수 있습니다. 뇌를 보면 그 사람이 끌어안고 있는 고민이나 콤플렉스의 원인까지도 명확히 알 수 있지요. 신기하게도 뇌는 나이와 상관없이 쓰면 쓸수록 변화합니다. 자신의 의지로 뇌를 바꿀 수 있는 것입니다.

✦ 아무것도 하지 못했던 내가 명상과 만나다

지금은 신경내과 의사로서 수많은 책을 쓰며 진료에 매진하고 있지만, 어릴 때부터 저를 괴롭혀온 콤플렉스 탓에 질풍노도의 청춘을 보냈습니다. 멍하니 있는 시간이 많아 부모님과 선생님이 걱정하기도 했습니다. 여러 가지 고민에 시달리느라 다람쥐 쳇바퀴 돌듯 반복되는 일상을 보냈고, 인생이 생각대로 흘러가지 않는다며 괴로워했습니다.

어떻게든 극복하고 싶은 마음에 나름대로 해결책을 찾기도 했습니다. 심리학의 도움을 받거나 철학서를 읽었고 단식도 했습니다. 폭포수를 맞아보기도 하고, 불교 공부에 빠지기도 했지요. 하지만 제가 원했던 답은 얻지 못했습니다. 답답한 기분이 상쾌해지기는커녕 마음속 어둠이 갈수록 짙어지는 것 같았습니다.

이랬던 제가 의대에 입학하고, 의사가 된 후 뇌과학에 주목해 얻어낸 결실이 바로 뇌과학의 관점에서 도출한 '명상'입니다. 저는 이것을 '뇌과학 명상'이라고 합니다. 간단히 말하면 뇌가 바뀌는 명상이자 뇌 사용법을 조절해 의식을 바꾸는 방법입니다.

✦ 뇌가 바뀌고 마음이 바뀌니 인생이 바뀌었다

제가 주장하는 뇌과학 명상이란 뇌를 집중적으로 활성화하거나 비활성화하는 것입니다. 뇌에는 각 영역이 주로 담당하는 역할이 있습니다. 이를 토대로 뇌의 어느 부분을 사용할지 자신의 의지로 선택할 수 있게 도와주는 것이 뇌과학 명상이지요.

저는 뇌과학 명상을 실천했더니 세상을 바라보는 시선이 바뀌었습니다. 사물이나 사람, 사건 등을 바라보는 시선이 확실히 변화한 것입니다. 저를 괴롭히던 답답함은 말끔히 사라지고, 어떤 일을 하든 자신감을 가질 수 있게 되었습니다. 뇌를 통제하는 것이 가능하냐고 반문하는 사람도 있겠지만 저는 가능하다고 확신합니다.

명상은 단 몇 분만 투자하면 언제 어디서나 할 수 있습니다. 오랫동안 직접 실천해온 덕분에 효과는 확신합니다. 환자들에게도 권하니 금세 효과가 나타나기도 했습니다. 누구나 할 수 있는 간단한 명상으로 뇌가 바뀌고, 마음이 바뀌고, 인생이 바뀝니다. 제가 직접 경험해보았기에 더 많은 사람에게 이 명상을 추천하고 싶었습니다.

✦ 명상은 '뇌'와 밀접한 관계가 있다

지금까지 '명상'은 '마음'과 깊이 관련되어 있다고 여겨

왔습니다. 마음을 자유롭게 하고, 불안이나 스트레스를 줄이며 긍정적으로 사고하는 데 효과적인 수단이자 '정신을 가다듬는 방법' 중 하나로 자리 잡았습니다.

그도 그럴 것이 우리는 흔히 눈을 감고 호흡에 집중하는 명상을 합니다. 그러면 신기하게도 마음이 안정되고 기분이 산뜻해집니다. 그런데 명상을 하면 왜 기분이 산뜻해지고 긴장이 풀릴까요? 애초에 명상할 때 호흡에 집중하는 이유는 무엇일까요? 모든 답은 '뇌'에 있습니다.

약 40년 전에 하버드대학교 의료센터의 허버트 벤슨Herbert Benson 박사가 '명상으로 긴장을 완화하는 것은 심신증 치료에 도움이 된다'라는 연구 결과를 발표했습니다. 명상으로 긴장을 풀어주는 뇌를 사용한 덕분이었죠. 명상에서 중요시 여기는 '호흡에 의식을 집중하고 쓸데없는 생각을 버리는 것'은 흔히 말하는 '마음을 비운' 상태이며, 마음챙김Mindfulness에서 말하는 '지금, 여기에 집중하기'가 됩니다. 이때의 뇌는 '뇌의 일부, 곧 긴장을 풀어주는 영역만 움직이고 다른 부분은 쉬게 하는 상태'라고 할 수 있습니다.

명상의 호흡 역시 뇌의 신경세포가 작용하는 데 필요한 산소를 충분히 공급해줍니다. 산소가 뇌에 두루 퍼지면 뇌가 변화합니다. 지쳤던 뇌가 활력을 되찾고 기분이 상쾌해지면서 건강한 뇌로 일에 집중할 수 있게 됩니다. 결과적으로 일의 효율이 오르고 집중력이 높아집니다.

그래서 '긴 호흡'을 하거나 특정한 것을 상상하고, 의식을 큰 곳 또는 작은 곳으로 집중하면 뇌의 작용을 의도적으로 바꿀 수 있습니다. 뇌를 바꾸는 것은 생각보다 간단합니다.

✦ 뇌를 바꿀 수 있는 사람은 자신뿐

의외로 많은 사람이 깨닫지 못하고 있지만, 실제로 세상을 바라보는 주체는 여러분의 '뇌'입니다. 여러분이 보는 모든 것의 바탕에는 여러분의 뇌가 있습니다. 시각이나 청각, 촉각과 같은 뇌 속 회로를 통해 우리는 세상을 바라보고 있는 것입니다.

우리의 뇌에는 무한한 가능성이 잠재되어 있습니다. 여러분이 지금 '내 인생이 이렇지 뭐'라며 체념하고 있다면 아주 큰 오산입니다. 그러한 생각을 만드는 것 또한 여러분의 뇌입니다.

뇌는 마음만 먹으면 180도 바꿀 수 있습니다. 가장 중요한 것은, 생각한 대로 뇌를 바꿀 수 있는 주체는 자기 자신뿐이라는 사실입니다. 여러분의 뇌를 깨울 수 있는 사람은 여러분 자신입니다.

여러분 자신을 바꾸고 싶다면, 행복하게 살고 싶다면, 인생을 좀 더 살기 좋게 만들고 싶다면, 뇌가 바뀌는 명상을 시작해보세요. 뇌과학 명상이 뇌를 더욱 자유자재로 쓰

고 우리가 원하는 대로 인생을 더 풍요롭게 살아가도록 도
와줄 것입니다.

차례

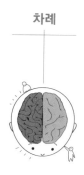

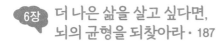

1장

우리는 뇌가 가진
가능성을
아직 모른다

당신에게는
뇌의 최적화가 필요하다

　이 책에서 소개할 '뇌과학 명상'은 여러분이 생각하는 명상과는 다를 수도 있습니다. 눈을 감고 조용히 참선할 필요도 없고, 잡념을 버리고 마음을 비우는 방법도 아닙니다. 뇌에는 영역별로 다양한 기능을 담당하는 신경세포가 있습니다. 뇌과학 명상은 이러한 신경세포에 직접 접근하는 방법입니다.

　예를 들어 다른 사람과 커뮤니케이션이 서툰 사람이라면 커뮤니케이션을 할 때 활성화하는 신경세포를 자극합니다. 업무에서 더욱 성공하고 싶다면 집중력을 높이거나 기획력을 향상하는 신경세포를 활성화합니다. 그런 것이 가능하냐며 의아해할 수도 있지만, 이것은 종교나 정신세계, 심리학에서 제시하는 방법론이 아닙니다. 의학박사인 제가 오랜 기간 의료계에 종사하며 뇌의 구조를 밝히기 위해 30년 이상 연구한 끝에 알아낸 방법입니다.

✦ 1만 명의 뇌를 보고 발견한 사실

저는 신경과 의사로서 지금까지 뇌 자기공명영상^{Magnetic Resonance Imaging, MRI} 사진을 통해 1만 명 이상의 뇌를 진단하고 치료해왔습니다. 두뇌학교 대표이자 가토 플래티나 병원 원장인 저는 매일 뇌에 관련된 증상을 진료하고 뇌과학 명상을 지도하고 있습니다.

태어난 지 얼마 되지 않은 아기, 곧 100세를 바라보는 노인이나 전 세계를 누비며 활약하는 대기업 경영인, 일본을 대표하는 운동선수, 수많은 TV 프로그램에서 왕성하게 활동하는 연예인, 속세를 떠나 생활하는 스님, 나라의 미래를 만들어갈 정치인 등 다양한 분야에서 활약하는 사람들의 뇌를 관찰했습니다.

그리고 뇌와 관련된 다양한 사실을 알아냈습니다. 나와 똑같은 뇌를 가진 사람은 아무도 없다는 것, 사람의 성격이나 재능, 개성을 만드는 주체는 뇌라는 것, 뇌를 보면 그 사람이 어떻게 살아왔는지를 알 수 있다는 것 등입니다.

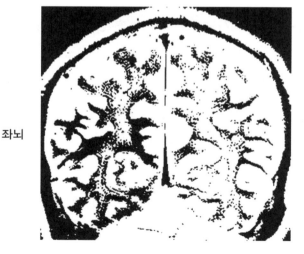

좌뇌　　　　　　　　　　　　　　　　　　　우뇌

뇌 사진을 자세히 분석하면 흥미롭게도 '그 사람'이 보입니다. 무엇을 잘하고 못하는지, 외향적인지 내향적인지, 성격은 어떻고 어떤 직업에 종사하고 있는지 등을 알 수 있습니다. 이처럼 뇌 사진으로 그 사람의 취미, 기호, 생활 습관까지 알 수 있습니다.

✦ 뇌 사진 속 검은 부분의 정체

옆의 사진은 두정엽, 측두엽, 후두엽이 보이는 뇌의 단면인데, 검은 부분이 마치 나뭇가지처럼 퍼져 있는 부분을 두고 저는 '뇌 가지가 뻗어 있다'라고 표현합니다. 똑똑한 사람이든 평범한 사람이든 뇌에는 주로 사용하는 부분과 거의 사용하지 않는 부분이 있습니다. 뇌 사진을 보면 일목요연하게 알 수 있지요.

옆의 뇌 사진을 다시 봅시다. 좌뇌의 전두엽과 후두엽은 곧잘 사용하므로 검은 부분이 힘차게 뻗은 반면, 우뇌는 거의 사용하지 않으므로 검은 부분이 끝까지 뻗어 있지 않습니다. 좌뇌와 비교하면 눈에 띄게 쪼그라져 있습니다.

잘 발달한 검은 부분에서는 신경세포가 정보를 처리하고 뇌혈관을 통해 혈액과 산소를 운반하는 등 활발하게 활동합니다. 한편 발달이 덜 된 흰 부분이 뇌에 넓게 뻗어 있으면 산소를 효율적으로 사용할 수 없기 때문에 우울해지거나 생각대로 일이 풀리지 않는 상황에 빠지기도 합니다. 우리가 해결하기 어려운 상황에 처했을 때 짜증을 내는 이유는 뇌가 유연하게 대처하지 못하고 있기 때문입니다. 그러므로 사람이 짜증을 내는 것은 뇌의 특정 부분이 발달하지 않았다는 증거라고 할 수 있습니다.

물론 개인차는 있지만, 뇌를 바람직한 방향으로 발달시켜 올바르게 사용한다면 그 사람의 뇌 전반에는 검은 부분이 힘차게 뻗어 있을 것입니다. 곧 '뇌를 자유자재로 사용하는 사람'이지요. 그리고 이렇게 뇌를 자유자재로 사용하는 사람이 되는 데 필요한 것이 제가 권하는 뇌과학 명상

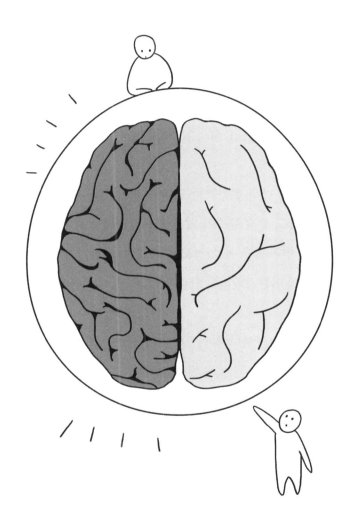

입니다. 대부분의 사람은 뇌를 그렇게 사용하는 방법을 모릅니다. 그래서 뇌를 제대로 쓸 수 없지요.

✦ 뇌 사용법을 익혀야 하는 이유

인생이란 예측 불가능한 일의 연속입니다. 길을 똑바로 가려고 해도 온갖 변수가 앞을 가로막습니다. 곳곳에 장애물이 있거나 귀가 아플 정도로 시끄럽고, 참기 힘든 유혹이 눈앞에 아른거리기도 합니다.

이런 일 하나하나에 휘둘리기 시작하면 자신이 나아가야 할 길을 알지 못한 채 길을 잃거나 생각지도 못한 곳으로 떠밀려 갈지도 모릅니다. 그리고 '지금 나는 어디에 있는지' '진짜 내가 하고자 하는 일은 무엇인지' 같은 질문에 답하지 못한 채 자기 본연의 모습을 잃게 되지요.

인간의 뇌에는 '적응 시스템'이 있습니다. 끊임없이 변하는 자연과 나날이 새로워지는 환경에 대처할 수 있는 이유도 높은 적응력 덕분입니다. 만약 뇌에 적응력이 없다면 우리 인간은 절대 살아남을 수 없겠지요.

하지만 적응하는 과정에서 '고민'이 생기는 것도 사실입니다. 뇌는 끊임없이 외부의 영향을 받습니다. 세상에는 다양한 뉴스가 넘쳐흐르며, TV와 인터넷에서 잡다한 정보가 수없이 쏟아집니다. 이러한 정보 중 자신에게 필요한 것과 불필요한 것을 판별할 능력이 있다면 좋겠지만, 대부분의 현대인에게는 그런 능력이 없습니다. 눈으로 보는 것, 귀로 듣는 것, 인간관계에서 느끼는 감정 등 모든 정보를 그대로 받아들이기만 하니 제대로 처리하지 못하는 경우도 있지요. 그야말로 뇌가 포화상태인 것입니다.

또 적응력 때문에 자신도 모르게 분위기에 휩쓸리기도 합니다. 예를 들어 의지가 약한 사람들이 모인 그룹에 들어가면 덩달아 의지가 약해지고, 의욕 넘치는 친구가 곁에 있다면 자연스레 의욕이 생기지요. 그 결과 비슷한 사람끼리 모이는 것처럼 보입니다.

　적응력이 있기에 우리는 우리를 바꿀 수 있습니다. 하지만 뇌 사용법을 모르면 내키지 않는 일에 억지로 적응하려고 애쓰거나, 자신도 모르는 사이 주위 분위기에 휩쓸리기 쉽습니다. 곧 뇌를 효율적으로 쓰려고 노력하지 않는다면 분위기나 상황에 떠밀려 살아가는 인생이 될 것입니다. 그리고 무리하게 적응하려고 한 탓에 '이게 아닌데' '진짜 내 모습은 뭘까?'라며 머리를 싸매고 고민하게 되지요.

　하지만 괜찮습니다. 뇌가 가진 가능성은 무한하기에 우리의 의지로 뇌를 바꿀 수 있습니다.

✦ 마음을 관장하는 뇌부터 바꿀 것

　뇌와 혼동하기 쉬운 개념으로 '마음'이 있습니다. 마음은 참 애매합니다. 사소한 일로 기분이 좋았다 나빴다 하기도 하고 롤러코스터를 타기도 합니다. 흔히 '잡념을 버리고 마음을 비워야 한다'라고 하지만 정말로 마음을 비울 수 있을까요? 마음을 비운다는 것은 어떤 상태를 가리킬까요? 머릿속을 맑게 하고 아무 생각도 하지 말라는 의미일까요?

여러분의 마음을 지배하는 것은 무엇일까요? 우울, 슬픔, 좌절과 같은 기분은 마음 상태에 따라 달라진다고 생각하기 쉽지만 그렇지 않습니다. 마음의 파도를 지배하는 것은 뇌입니다. '행복하다'고 느끼는 것이 뇌라면, '행복하지 않다'라고 결정하는 것도 뇌입니다. 긍정적으로 사물을 바라보는 것이 뇌라면, 부정적으로만 생각하는 것도 뇌입니다.

조금 더 구체적인 예를 들어볼까요? '저 사람이 싫다'라고 생각하는 이유는 마음이 좁아서가 아니라 '뇌가 그 사람의 정보를 받아들여 활성화되지 않기' 때문입니다. 일이 잘 풀리지 않는 이유는 능력이 없거나 머리가 나빠서가 아니라 '일할 때 쓸 뇌를 충분히 활성화하지 못하기' 때문입니다. 화를 잘 내는 이유도, 다른 사람과의 커뮤니케이션에 서툰 이유도, 요통이나 어깨결림 같은 증상이 나타나는 이유도 마찬가지입니다.

여러분의 생활에 관련된 모든 것은 뇌가 통제하고 있습니다. 인생에 변화를 주기 위해 마음을 바꾸고 싶다면 '마음을 관장하는 뇌'부터 바꿔야 합니다. 모호하고 불확실한 마음을 통제하려고 노력하는 것보다는 여러분의 뇌에 접근하는 편이 훨씬 빠르고 확실한 방법이지요. 뇌를 바꾸지 않으면 아무것도 바뀌지 않습니다.

✦ 뇌의 주요한 여덟 가지 영역

'뇌에 직접 접근한다'라는 말이 잘 와닿지 않을 텐데요. 앞서 뇌에는 영역별로 다양한 작용을 담당하는 신경세포가 있다고 설명했습니다. 뇌는 단순히 하나로 뭉쳐 있는

덩어리가 아닙니다. 좌뇌와 우뇌뿐 아니라 전두엽, 두정엽, 후두엽, 해마 등이 있다는 사실은 이미 알고 있을 거예요. 뇌과학 명상을 매일 실천하려면 이렇게 복잡한 뇌의 구조를 알아야 합니다.

뇌에는 약 860억 개의 신경세포가 있습니다. 그중에서 같은 기능을 담당하는 신경세포는 대개 같은 위치에 모여 있습니다. 예를 들어 '기억을 관장하는 신경세포'는 해마와 그 부근에 모여 있으며, '이해를 도와주는 신경세포'는 두정엽 부근에 있습니다. 저는 비슷한 기능을 하는 신경세포들끼리 모여 있는 영역을 다음과 같이 크게 여덟 곳으로 정리했습니다.

① 기억계: 매일 일어나는 사건이나 경험, 정보를 축적하는 영역입니다. 해마라는 기관이 이 영역의 핵심이지요. 어떻게 보면 이 영역 덕분에 내가 '나'다울 수 있습니다. 뇌과학 명상에서는 기억을 넣고 꺼내는 능력이 굉장히 중요합니다.

② 시각계: 눈으로 본 정보를 모아두는 영역입니다. 뇌과학 명상에

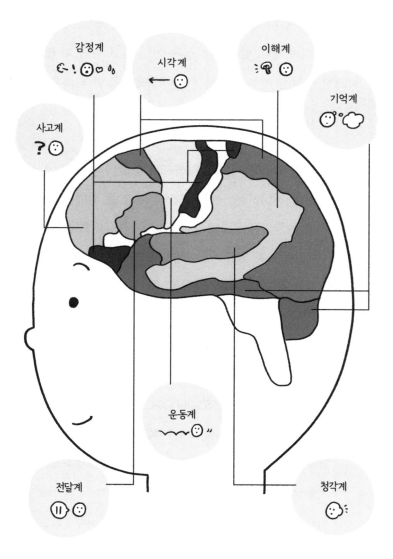

서 매우 중요합니다.

③ 감정계: 희로애락에 관련된 영역입니다. 죽기 전까지 발달하므로 가장 쇠약해지기 어려운 부분입니다. 운동계 바로 뒤에 있는 감정계는 인간의 감수성이나 감각을 담당하며, 이 감정계에 불균형이 생기면 인간은 고민을 하게 됩니다.

④ 사고계: 사고나 판단, 선택을 할 때 창의적인 아이디어를 내는 영역입니다. 이 영역을 잘 조절할수록 일 처리 능력이 좋아집니다.

⑤ 이해계: 뇌에 들어온 정보를 이해하고 정리해서 직관과 기지를 생성하는 영역입니다. 공간의 분위기를 파악하는 역할도 담당합니다. 무의식적 인지 과정과 관련되어 있어 뇌과학 명상으로 강화할 수 있습니다.

⑥ 청각계: 귀로 들은 말이나 소리 등에 관련된 영역입니다. 청각계를 예민하게 발달시키는 것도 뇌과학 명상에서 중요합니다.

⑦ 전달계: 커뮤니케이션과 관계되는 영역입니다. 말뿐 아니라 몸짓이나 표정 등 자신의 기분이나 생각을 전달할 때 사용합니다.

⑧ 운동계: 몸을 움직일 때, 명상하면서 호흡할 때도 이 영역을 사용합니다. 역동적으로 사고하는 데도 꼭 필요합니다. 몸이 움직이지 않을 때도 행동 순서를 만들어내는 역할을 합니다.

✦ 뇌를 보면 그 사람을 알 수 있다

누구에게나 어떤 사람보다 더 발달한 뇌의 영역이 있는가 하면, 발달하지 않은 뇌의 영역도 있습니다. 예를 들어 매사를 시원시원하게 판단하는 사람은 사고계가, 운동을 잘하는 운동선수는 운동계가 발달해 있습니다. 판단력이 떨어진다거나 운동을 잘 못한다면 해당 영역을 능숙하게 사용하지 못하는 상태겠지요.

뇌를 보면 그 사람을 알 수 있다고 했습니다. 뇌에는 개개인의 '삶'이 녹아 있습니다.

|사례 ❶| 구로야나기 테츠코의 개성 넘치는 뇌!
한 방송 프로그램에서 작가이자 영화배우 구로야나기 테츠코黒柳徹子의 뇌 사진을 볼 기회가 있었습니다(니혼TV, 〈한 바퀴 돌아도 모르는 이야기1周回って知らない話〉). 당시 86세임에도 활발하고 빠르게 말하는 테츠코는 이야기와 관련된 전달계가 평균 이상으로 발달해 있어, 상대방의 이야기

를 빠르고 정확하게 이해했습니다. 또 사고계에도 뇌 가지가 쭉 뻗어 있는 점으로 미루어 보아 두뇌 회전이 매우 빠른 편임을 알 수 있었습니다.

| 사례 ❷ | 천재! 아카시야 산마의 뇌의 비밀

또 다른 TV 프로그램에서 영화배우이자 개그맨 아카시야 산마明石家さんま의 뇌를 주제로 이야기한 적이 있었습니다(2019년 12월 1일 니혼TV에서 방송된 〈아무도 모르는 아카시야 산마誰も知らない明石家さんま〉 제5탄). 산마의 뇌를 의학적 관점에서 분석해 '산마가 방송에서 보여주는 남다른 입담의 원천은 무엇일까?' '산마는 어떤 능력이 가장 뛰어날까?' '사실은 어떤 직업이 적합할까?' 등을 알아보았습니다.

산마는 시각계가 눈에 띄게 발달해 있었습니다. 그 결과를 바탕으로 개그맨 산마에게 더 적합한 직업을 도출했는데요, 바로 미술관을 운영하거나 관련 업무에 종사하는 갤러리스트였습니다.

일본 최고의 입담을 자랑하는 테츠코와 산마는 전달계뿐 아니라 각각 다른 영역도 발달해 있었습니다. 이렇듯 누구도 대체할 수 없는 재능과 경력을 겸비한 그들의 뇌에는 그 개성이 뚜렷하게 나타났습니다.

✦ 뇌는 의식하는 것만으로도 활성화된다

주로 사용하는 뇌의 영역이 깔끔하게 정비된 도로라면, 좀처럼 사용하지 않는 뇌의 영역은 비포장도로에 비유할 수 있습니다. 비포장도로는 지나가려고 해도 도로 위에 자갈이 많고 요철이 심한 탓에 앞으로 나아갈 수 없어서 결국에는 멈추게 되지요. 이런 상황에 처하면 뇌는 어떻게 할지 몰라 우왕좌왕하게 됩니다. 안절부절못하거나 초조해지며 슬픔이 밀려오는 감정의 소용돌이에 빠져요.

마음이 불안해지거나 정신이 흐트러질 때는 누구에게나 있습니다. 뇌과학의 관점으로 보면 이것은 정신이 갈피를 잡지 못하는 것이 아니라 뇌가 갈피를 잡지 못하는 것입니다. 어떤 영역을 써야 할지 몰라 뇌가 갈팡질팡하거나 뇌의 각 영역들이 아직 덜 발달한 탓에 능숙하게 쓸 수 없는 상황이 생기는 것이지요.

다시 말해 뇌과학자인 저에게 뇌과학 명상의 목적은 마음을 하나로 집중하는 것이 아니라 뇌의 각 영역의 작용을 활성화시키는 것입니다. 여덟 개의 주요 뇌영역이 가진 특성을 이해하고, 자유자재로 사용하는 것이지요. 여덟 개의 주요 뇌영역 중 사용하려는 특정 영역을 원하는 때에 집중적으로 활용할 수 있도록요.

예를 들어 사용할 뇌영역의 버튼을 의도적으로 누릅니다. 일이면 일, 공부면 공부에 필요한 영역을 사용하고, 휴식이 끝난 후 일을 해야 할 때는 뇌의 스위치를 휴식에서 일로 바꾸는 것이지요. 주요 뇌영역의 특성을 이해하고 뇌를 자유자재로 명확하게 쓸 수 있다면, 인생은 원하는 대로 흘러가며 마음이 혼란스러울 일도 없을 것입니다.

명상을 시작하는
기본 자세

뇌과학 명상에서 호흡은 아주 중요합니다. 뇌과학의 관점에서 호흡은 어떠한 효과가 있을까요?

✦ 뇌에 산소를 효율적으로 보내는 호흡

뇌의 신경 활동에는 산소가 꼭 필요합니다. 뇌혈관에서는 혈액이 각각의 신경세포에 산소를 보내는 '산소교환Cerebral Oxygen Exchange, COE'이 이루어집니다. 산소교환이 원활하게 이루어질 때는 뇌가 효율적으로 작용합니다. 하지만 산소교환이 제대로 이루어지지 않고 혈류만 늘어나면, 흔히 말하듯 피가 거꾸로 솟게 됩니다. 짜증이 나고 불안해지며 어쩔 줄 몰라 끙끙 앓지요. 혈압이 올라가므로 건강에도 악영향을 끼칩니다.

조금 어렵게 말하자면, 신경세포가 활성화되어 뇌 가지가 발달할 때는 산소가 대량으로 소비되기 때문에 해당 뇌의 영역은 일시적으로 '극히 가벼운 저산소 상태'가 됩니다. 이 사실은 뇌의 산소교환 상태를 조사하는 기술인 기능적 근적외선 분광법functional Near-Infrared Spectroscopy, fNIRS을 이용해 과학적으로 증명되었습니다. 물론 저산소 상태가 지속되는 것은 아닙니다.

뇌 가지가 쭉쭉 뻗어나가고 또 원활히 움직이려면, 신선한 공기를 많이 들이마시듯 호흡하는 것을 잊지 마세요. 의식적으로 그렇게 호흡하면 온몸에 산소가 고루 퍼지며 뇌뿐 아니라 몸 상태를 조절하는 데도 효과적입니다.

✦ 오롯이 나에게만 집중하는 시간

의식적으로 호흡하는 데는 중요한 이유가 하나 더 있습니다. 나 자신에게 온전히 집중할 수 있다는 것입니다.

현대사회에서는 여러 가지 이유로 다른 사람에게 신경을 빼앗기기 쉽습니다. 학교나 직장, 가족이나 친구 등 자신이 아닌 다른 사람에게 신경 쓰기 바쁘지요. 하지만 다른 사람에게 신경을 뺏기다 보면 뇌의 균형은 깨지고 맙니다. 인간의 뇌에는 좌뇌와 우뇌가 있기 때문입니다.

다른 사람을 분석할 때는 주변 환경에서 비언어 정보를 수집하는 우뇌가 사용되는 반면, 언어 능력을 담당하는 좌뇌는 자기분석이나 자기주장을 할 때 사용됩니다. 그러므로 다른 사람에게만 신경 쓰다가 자신에게 소홀해지면 우뇌와 좌뇌의 균형이 무너집니다. 예를 들어 다른 사람과 거리를 두지 못하거나 자신이 무엇을 말하고 싶은지, 무엇을 하고 싶은지 알 수 없게 되지요. 이렇게 뇌의 균형을 잡지 못한 채 괴로워하게 됩니다.

　때로는 자신에게 온전히 집중해보세요. 그러기 위해서
는 천천히 호흡하는 것이 뇌과학적으로 가장 간단하면서
도 효과적인 방법입니다.

✦ 기분은 새롭게, 감각은 예민하게

　호흡수를 의도적으로 바꾸는 호흡법은 기분을 새롭게
할 때도 효과적입니다. 지금까지 수많은 환자를 진료한 경
험에 따르면, 일상적으로 숨을 길게 내쉬고 천천히 호흡한
다는 것만 기억하면 뇌가 활동하기 쉬워집니다. 호흡수를
의도적으로 줄이는 것입니다. 그러면 집중력과 주의력이
높아져 매사에 차분히 임할 수 있습니다.

　또 숨을 길게 내쉬고 천천히 호흡함으로써 호흡수를 줄
이려고 노력하면 눈과 귀의 감각도 예민해집니다. 믿지 못

하겠다면 한번 시도해보세요. 호흡에 집중하면 감각이 예민해질 것입니다. 숨을 길게 내쉬고 천천히 호흡하는 것 자체가 이미 하나의 뇌과학 명상이라고 해도 과언이 아닙니다.

숨을 길게 내쉬고 천천히 호흡하면 활동하는 뇌의 영역을 의도적으로 바꾸게 되므로, 다시 말해 지금까지 활동했던 뇌의 영역을 운동계로 바꾸게 되므로 기분이 180도 달라질 것입니다. 따라서 공부나 회의 등 중요한 일을 앞두었을 때 이 호흡법을 쓰면 뇌가 자극받아 마음을 가다듬을 수 있습니다.

✦ 뇌과학적으로 권하는 호흡의 길이

뇌과학 명상에서 호흡이 필요하다는 점을 이제 잘 이해하셨나요? 그렇다면 어떻게 호흡해야 할까요? 저는 '긴 호흡'을 추천합니다.

긴 호흡은 뇌과학적으로도 효과가 있는데, 그 방법은 아주 간단합니다. 먼저 코로 숨을 들이마시고 입으로 숨을 천천히 내쉬는 것입니다. 심호흡을 한다기보다는 호흡 한 번을 길게 한다는 생각으로 실천해보세요.

코로 숨을 들이마실 때는 배꼽을 기준으로 약 9센티미터 아래의 단전에 손을 대고, 배가 부풀어 오를 정도로 충분히 숨을 들이마십니다. 입으로 숨을 내쉴 때는 몸 안에 있는 공기를 모두 내뱉듯이 항문을 단단히 조이고, 배에서 숨을 짜냅니다. 몸속 더러운 공기를 내뱉는다고 생각하는 것이 중요합니다. 끝까지 내뱉었다면, 다시 신선한 공기를 받아들이듯 코에서 배로 가득 들이마셔서 단전을 앞으로 내민다는 생각으로 숨을 들이마십니다.

이 들이마시고 내쉬는 호흡을 1분에 3~4번 정도 하세요. 들이마시는 데 약 1~2초, 내쉬는 데 약 10~20초가 걸립니다. 일반적인 호흡수는 1분에 약 12번이라고 합니다. 그렇기에 처음에는 한 호흡을 길게 해서 호흡수를 줄이는

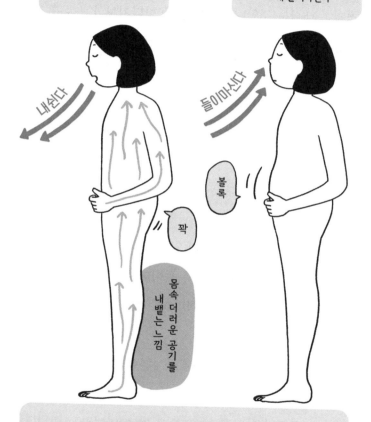

것이 꽤 어려울 수 있습니다. 먼저 1분이라도 길게 들이마시고 내쉬어보세요. 아주 개운해집니다.

긴 호흡은 하면 할수록 능숙해지며, 뇌뿐 아니라 몸에도 변화를 일으킵니다. 예를 들어 처진 뱃살이나 지방이 빠져서 배가 탄탄해집니다. 기상 후 한 번, 취침 전 한 번 등 긴 호흡을 할 수 있는 시간대라면 언제든 좋으니 꼭 실천해보세요.

이제 뇌과학 명상에 필요한 여덟 개의 주요 뇌영역과 긴 호흡을 어느 정도 이해했으니, 다음 장부터는 뇌과학 명상의 구체적인 방법을 설명하겠습니다.

2장

세상을 보는
눈이 바뀌면
인생은 더 풍요로워진다

_ '보는 힘'을 기르는 명상

보는 힘을 길러야
살아갈 힘이 생긴다

이제부터 뇌과학 명상을 소개할 텐데요. 그중에서도 가장 먼저 시작하는 명상은 '보는 힘'을 기르는 것입니다. 보는 힘을 기르면 살아갈 힘이 생깁니다. 인생을 더 나답고 용감하게 살아가려면, 보는 힘이 필수입니다.

✦ 우리는 보는 것 같으면서도 보지 않는다

뇌과학적으로 '보는 것'은 단순히 '눈에 비치는 것'이 아니라 '눈에 비친 것을 정보로 받아들이는 것'을 말합니다. 간단하다고 생각할지도 모르겠지만, 현대인에게는 의외로 보는 힘이 없습니다.

길에서 사람들을 관찰해보면 대부분 손에는 스마트폰을 들고, 귀에는 이어폰을 꽂은 채 음악을 듣고 있습니다. 눈동자는 공허하고, 눈에 비치는 것에 집중하지 않으며, 다른 생각을 하는 듯한 표정으로 걸어갑니다.

눈에 비치는 정보를 모두 받아들이라는 말이 아닙니다. 자신이 원하는 정보나 사실만을 '골라서' 보는 것이 중요합니다. 우리는 보는 것을 직접 고를 수 있습니다. 뇌 사용법을 활용하면 눈에 비치는 것이 바뀌며, 사물을 보는 시각이나 인상도 달라집니다. 곧 '여러분이 어떻게 보느냐에 따라 보는 것의 가치가 달라진다'라는 말입니다.

지금까지는 '보여서' 본 것을 여러분의 기준에 따라 '골라서' 보기 시작한다면, 다른 사람의 가치관이 아니라 여러분의 가치관으로 모든 일을 판단할 수 있게 됩니다. 이 것은 살아가는 데 굉장히 중요한 역할을 합니다.

✦ 보는 힘은 곧 필요한 것을 알아채는 힘

보는 힘을 기르기 위해 사용해야 하는 것이 바로 여덟 가지 뇌영역 중 시각계입니다. 보고 파악하고 판별하는 등 '눈으로 본 것'을 뇌에 모아두는 영역입니다.

눈으로 본 정보는 두 눈 바로 뒤에서 시신경을 통해 후 두부로 이동합니다. 바른 자세로 누웠을 때 베개와 닿는 부분이 시각계라고 기억해두세요. 시각계를 다뤄서 보는 힘을 기르면 세상을 더 넓고 자유롭게 바라볼 수 있습니 다. 시야가 넓어지면 정보량이 증가해 상상력이 풍부해지 고, 사람들이 간과하는 것에 관심을 기울이게 됩니다. '알 아채는 힘'이 생기지요.

여러분의 의지로 정보를 보고 고르다 보면, 여러분에게 필요한 것이 무엇인지 알아챌 수 있습니다. 이 알아채는 힘이야말로 시각계의 가장 중요한 기능입니다. 정보는 누구에게나 평등하게 주어집니다. 하지만 자신에게 중요한 정보를 알아채느냐, 알아채지 못하느냐에 따라 인생이 180도 달라집니다.

더 나아가 시각계를 자유자재로 쓰면 '형태 없는 것을 보는 힘'을 갖게 됩니다. 이렇게 말하면 영적이고 초자연적인 것을 떠올리는 사람도 있을 텐데요, 그렇지는 않습니다.

여러분은 좋지 않은 예감이 드는 경험을 해본 적 있나요? 흔히 '불길한 예감'이라고 하지요. 눈에 보이지는 않지만 무언가를 '느끼는 힘'이라고 하면 이해하기 쉬울 것입니다. 우연의 일치를 의미하는 싱크러니서티^{synchronicity}(공시성)나 직감, 영감과도 비슷할지 모르겠네요.

뇌과학 명상을 하면 형태가 없는 것을 볼 수 있는 힘, 곧 느끼는 힘을 키울 수 있습니다. 이 힘을 키우면 미래에 어떤 일이 일어날지 예측하고, 그에 대비하거나 실패하지 않도록 미리 준비할 수 있습니다.

시각계를 자극해 보는 힘을 키운 후 자신에게 필요한 정보를 끊임없이 뇌에 입력하거나 정보를 축적하면 보이지 않는 것을 느낄 수 있게 됩니다. 뇌는 '센서'입니다. 눈으로는 볼 수 없어도 뇌는 보이지 않는 무언가를 감지하고 있습니다. 다만 이 사실을 여러분 자신이 눈치채지 못할 뿐입니다.

✦ 뇌의 토대가 되는 시각계

뇌과학 명상 중에서도 가장 먼저 시각계에 접근하는 방법을 소개하는 이유는, 시각계가 다른 뇌의 영역과 밀접하게 관련되어 있기 때문입니다.

우리는 보는 것을 기억합니다. 본 것을 토대로 사고계를 사용하고 감정을 표현하므로, 보는 것이 행동의 원동력이 됩니다. 그러므로 시각계를 자유자재로 쓰면 다른 뇌영역에도 어마어마한 영향을 끼칩니다. 그러니 뇌과학 명상은 꼭 시각계부터 시작하세요.

한 가지 덧붙이자면, 간혹 시력이나 시각에 장애가 있는 사람들의 시각계는 활성화되지 않는다고 오해하는 경우가 있습니다. 시각장애인은 눈을 통해 뇌로 직접 정보가 들어가지 않아도 시각계를 사용합니다. 그들의 눈에는 단지 '빛이 들어가지 않을' 뿐입니다. 시각계를 다르게 사용하는 것이지요. 시각 외의 감각이 예민하며, 보이지 않는 세계를 보려는 의지가 강하므로 어떻게 보면 비장애인보다 시각계가 더 발달했다고 생각합니다.

그럼 이제 뇌과학 명상을 시작해볼까요? 먼저 방법과 포인트를 읽고 그대로 따라 해보세요. 명상의 효과나 의미는 해설을 참고하기 바랍니다.

눈앞에 펼쳐진 자연을 있는 그대로 보기

명상 효과 ★ 사물을 객관적으로 파악할 수 있다

'있는 그대로 보는 것'은 시각계 명상의 출발점입니다. 하지만 우리는 성인인지라 신경 쓸 것이 많아서 마음먹은 대로 잘되지 않아요. 자신이 보는 사물을 있는 그대로 보고 올바르게 해석하는 것은 살아가는 데 굉장히 중요합니다.

◇실외용 방법◇

① 공원이나 강변 등 마음 편히 누울 수 있는 장소를 골라 큰 대자로 눕습니다.

② 1장에서 배운 긴 호흡을 합니다.

③ 눈을 뜨고 하늘 높은 곳까지 바라봅니다.

④ 눈앞에 펼쳐지는 자연의 움직임을 있는 그대로 감상합니다. 낮에는 구름 모양이 바뀌는 모습이나 구름이 움직이는 모습을, 밤에는 별이나 밤하늘을 볼 수 있습니다.

⑤ 적어도 1분 이상, 가능하다면 5분 이상 계속해봅니다.

◇ 포인트 ◇

이 명상은 식후에 하는 것을 추천합니다. 깊이 생각하지 않아도 됩니다. 머리를 비우고 바라보기만 하세요.

◇ 해설 ◇

'있는 그대로 보기'란 눈앞의 현상을 그대로 받아들이는 것입니다. 언뜻 생각하기에는 간단할 것 같지만 나이가 들수록 어려워집니다. 나이가 들면서 뇌의 여러 영역이 발달하기 때문입니다.

예를 들어 전철 창문 너머로 풍경을 감상하다가도 업무 생각을 하거나(사고계가 작용), 고민거리 탓에 괴로워지는(사고계와 기억계가 작용) 않나요? 눈에는 풍경이 비치지만 뇌에서는 여러 영역이 끊임없이 작용하므로 시각계만 사용해서 풍경을 볼 수가 없습니다.

이 명상의 목적은 단순히 보는 힘을 기르는 것입니다. 쓸데없는 생각은 버리고, 이해하려고 노력하지 마세요. 시각계를 있는 그대로 쓰는 것입니다. 그리고 긴 호흡을 병행하면 눈앞에 펼쳐진 풍경이 더 잘 보이기 시작합니다.

이 명상을 반복하면 보는 감각이 예민해집니다. 그 결과 정보를 올바르게 인식하고, 자신에게 필요한 정보를 취사선택할 수 있게 되지요. 있는 그대로 보는 것은 사물을 조망하고 객관적으로 보는 힘을 말합니다. 이 힘을 기르면 어떤 상황에서도 항상 올바르게 행동할 수 있습니다.

제 경험상 발표로 청중을 사로잡는 사람이나 획기적인 아이디어를 내는 사람, 앞을 내다보고 업무를 전략적으로 진행하는 사람처럼 특정 분야에서 성공한 사람들은 시각계가 눈에 띄게 발달해 있었습니다. 뇌의 보는 힘이 뛰어난 것이지요.

여기에 설명을 조금 덧붙이겠습니다. 앞에서 명상을 왜 식후에 하라고 권했는지 궁금할 텐데요. 누구나 경험해봤겠지만 배가 부르면 아무 생각도 들지 않습니다. '아무 생각도 들지 않는 때'야말로 시각계'만' 쓸 수 있는 절호의 찬스입니다. 사고계나 기억계가 쉬는 때이므로 온몸에 힘을 빼고 '순수하게' 볼 수 있어 시각 명상을 하기에 적합합니다. 다만 명상하다가 잠들지는 마세요.

또 큰대자로 누울 장소가 없을 때는 의자에 앉아서 해도 됩니다. 이 경우에는 여러분에게 최대한 편한 자세를 찾아보세요. 누우면 온몸에 힘이 빠져 운동계를 사용하지 않는다는 장점이 있습니다. 몸에 필요 이상으로 힘이 들어가 있는 상태에서는 시각계만 쓰기가 어렵고, 호흡도 불안정해 명상을 제대로 할 수 없습니다.

어디든 좋으니 긴장을 풀 수 있는 환경에서 시도해보세요. 이제 집에서 할 수 있는 방법도 소개하겠습니다.

① 양초나 아로마 향초를 준비하고 불을 붙입니다.

② 천천히, 길게 호흡하면서 타들어가는 불꽃을 뚫어지게 바라봅니다.

◦ 포인트 ◦

준비물은 작은 불이면 충분합니다. 불꽃이 불규칙적으로 흔들리거나 작아졌다 커졌다 하는 모습을 응시합니다. 불빛 때문에 눈부시다면, 눈을 감은 채 빛을 느껴도 됩니다. 양초가 없으면 향초로 대체해 향초의 희미한 불빛과 연기를 물끄러미 바라보세요.

◦ 해설 ◦

'빛 바라보기'는 뇌에 큰 영향을 줍니다. 이 사실은 제가 미네소타대학교 방사선과에 재직할 때 동료 연구자 웨이종 첸 Weizhong Chen 박사와 함께 진행한 광자극 실험에서도 밝혔습니다. 다른 연구들에서도 사람이 약 8헤르츠로 점멸하는 손전등을 보고 있을 때 뇌의 혈류가 가장 많이 증가하며, 약 4헤르츠

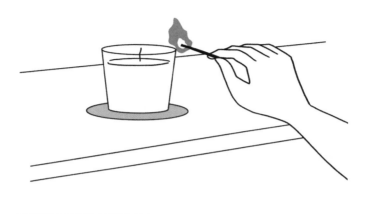

로 점멸하는 빛을 볼 때 뇌의 산소 소비량이 가장 많아진다는 결과를 발표했습니다.

사람의 눈에 주기적으로 광자극을 주면 뇌파가 그 자극의 주파수와 같은 주파수로 동조한다는 사실도 알려져 있습니다. 곧 눈에 들어오는 빛의 주파수가 뇌에도 동일한 영향을 준다는 것입니다. 예를 들어 1헤르츠로 점멸하는 빛(아주 희미한 빛)을 보면, 보는 사람의 뇌파도 1헤르츠가 되는 것입니다. 이처럼 시각계에는 빛의 리듬이나 주기의 변화 등 주변 환경에서 오는 자극에 동조하는 성질이 있습니다.

촛불은 바람에 흔들리면 움직임이 변화합니다. 이렇게 불꽃이 흔들리는 모습을 바라보면 우리 뇌의 시각계는 눈앞의 광경에 맞춰 변화하게 됩니다. 작아졌다 커졌다 하는 불꽃을 보는 순간과 보지 않는 순간의 리듬이 생성됩니다.

그러므로 흔들리는 촛불을 있는 그대로 보는 것은 시각계를 환경에 맞추는 연습을 하는 데 도움이 됩니다. 또 평소 눈에는 비치지만 시각계의 신경세포가 반응하지 않아 주변의 상황이나 사물을 알아채지 못하는 경우가 줄어듭니다. 따라서 캠핑을 할 때 모닥불을 피우고 불꽃을 바라보는 것은 뇌의 시각계를 활성화하는 데 효과적이라고 할 수 있겠지요.

머릿속으로 시각회로 그려보기

명상 효과 ★ 시각계가 발달하고 보는 힘이 길러진다

그렇다면 눈에 비친 것은 어떻게 뇌에 도달할까요? 바로 뇌에 있는 시각회로 덕분입니다. 이 회로를 이해하면 뇌의 시각계가 자극받고, 자극이 이어지면 시각계가 강화됩니다.

◇ 방법 ◇

① 다음 페이지의 시각회로 그림을 자세히 보세요. 이 그림을 보면서 자신의 눈에 비친 것이 뇌에 투영되는 과정을 확인합니다. 여기서는 확인만 하면 됩니다.

② 살펴본 그림대로 여러분 머릿속의 시각회로를 의식합니다. 시각계는 주로 후두부와 눈 바로 뒷부분에 있습니다.

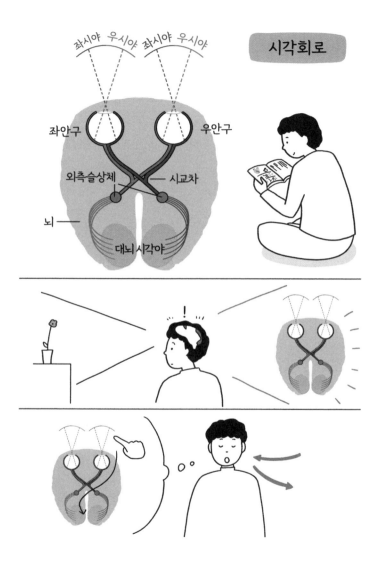

눈앞에 펼쳐진 광경이 수정체로 들어온 다음 망막으로 전해져, 시신경을 통해 외측슬상체에서 후두부의 뇌내 스크린에 투영되는 과정을 상상합니다.

③ 천천히 길게 호흡하며 머릿속에서 시각회로를 여러 번 덧그려보세요.

⟨ 포인트 ⟩

자신의 눈과 후두부를 의식하며 시각회로를 떠올려봅니다. 초조해하지 말고 시각회로 그림을 보면서 천천히 호흡합니다. 어렵게 생각하지 마세요. 의식하기만 해도 됩니다.

⟨ 해설 ⟩

조금 어렵게 말하자면, 망막에서 받아들인 정보는 좌우로 뻗은 시신경을 통해 외측슬상체와 대뇌피질의 시각계에 전달됩니다. 오른쪽 눈에 비친 상은 좌뇌 시각계의 세포로, 왼쪽 눈에 비친 상은 우뇌 시각계의 세포로 전송됩니다. 이것이 보기 위한 시각회로, 곧 눈에서부터 후두부의 뇌내 스크린까지 연결된 회로입니다.

단지 시각회로를 의식하는 것뿐인데 정말 뇌에 효과가 있을지 궁금할 텐데요. 이 명상도 일상생활 속 있는 그대로의 광경을 선명하게 이해하는 데 아주 유용합니다. 인간의 몸은 구석구석을 세심하게 의식해 집중적으로 트레이닝하면 근육이 붙거나 지방이 분해되어 탄탄해집니다. 이때 운동계의 작용이 강화된다는 연구 결과가 있습니다.

이것은 몸에만 해당하는 이야기가 아닙니다. 보는 것과 시각계의 기능도 마찬가지입니다. 시각회로를 섬세하게 의식하며 집중적으로 바라보려고 노력하면 뇌의 보는 힘이 좋아져 사물을 있는 그대로 볼 수 있지요.

저는 오랜 세월 동안 뇌 사진을 기반으로 진단하는 뇌 치료법을 연구하면서, 뇌 속 특정 부분의 의식을 높이면 해당 부분이 발달한다는 사실을 알아냈습니다. 본인 스스로가 '뇌를 발달시키고 싶다'라고 인식하면 이전과 비교했을 때 뇌가 월등히 발달한 사례를 몇십 년이나 지켜봐왔습니다.

그러므로 시각계를 단련하기 위해서는 먼저 시각회로를 이해하고 의식해야 합니다. 시각회로를 의식하기 시작했다면 뇌는 이미 자극받았을 것입니다. 시각은 각성과 연결되어 있습니다. 뇌의 망양체라는 부위는 의식을 높이고 각성상태를 불러일으킵니다. 시각회로는 외측슬상체를 통해 망양체와 연결되어 있습니다. 그러므로 시각을 사용하면 뇌는 각성상태가 되는 것입니다.

아침에 일어나면 눈을 떠서 각성합니다. 그리고 졸음이 밀려오면 시각영역이 먼저 어두워지지요. 어두워진다는 것은 시각계의 활동량이 감소함을 의미합니다. 곧 시각계에는 의식 수준을 바꾸는 힘이 있는 것입니다.

한 가지 색을 의식하면서 행동하기

명상 효과 ★ 인생에 필요한 사람, 사물, 일과 만날 수 있다

〈보는 힘을 기르는 명상 ①〉이 사물을 있는 그대로 보기 위한 방법이었다면, 이번 명상은 '보고자 하는 것을 의도적으로 보기 위한' 방법입니다. 이 명상을 통해 자신에게 필요한 사람이나 사물, 일을 놓치지 않고 발견할 수 있습니다.

◇ 방법 ◇

① 주제를 하나 정합니다. 빨간 것, 세모난 것, 안경, 긴 머리, 남성 등 무엇이든 상관없습니다. 구체적인 키워드로 주제를 정하세요.

② 주제로 정한 것을 의식하면서 행동합니다. 예를 들면 '빨

간 것을 보겠다'고 다짐한 후 행동하는 것입니다. 길을 걷다 보면 우체통이나 빨간 신호등, 지나가는 사람이 착용한 옷이나 신발, 가방 등이 보이지요. 자신이 정한 주제를 의식하면서 찾아보세요. 긴 호흡을 하면서 찾으면 뇌가 훨씬 차분해지므로 쉽게 찾을 수 있습니다.

◇ 포인트 ◇

이 명상은 아무 때나 해도 됩니다. 주제를 정해서 하루 동안 실행에 옮겨도 좋고, 출근하는 지하철 안이나 쉬는 시간 공원에서 잠깐만 해도 충분합니다. 저는 매일 아침 출근할 때 그날의 주제를 정한 후 걸으면서 이 명상을 실천합니다. 그러면 의식이 전환되어 산뜻해진 마음으로 업무를 시작할 수 있습니다.

◇ 해설 ◇

그런데 여러분은 '끌어당김의 법칙'을 아나요? 이 법칙은 꿈꾸는 인생이나 얻고자 하는 결과를 의식적으로 만들어내는 방법을 말합니다. 자신에게 필요한 사람과 자연스럽게 만나거나, 자신이 원하는 것을 손에 넣는 방법입니다.

뇌과학적으로 꿈을 끌어당기는 것은 불가사의한 현상도 어려운 일도 아닙니다. 필요한 것을 '발견하는 눈'이 있는지 없는지가 중요합니다. 그러려면 뇌가 시각계를 골고루 써서 행운을 발견할 수 있도록 준비해두어야 합니다.

끌어당김과 행운은 '눈'에서 시작된다고 생각합니다. 시각 회로에서도 설명했듯이 시각계는 주로 후두부에 있지만, 전두엽에도 일부 있습니다. 전두엽은 사고계의 뒤쪽에 있습니다. 후두엽에 위치한 시각계는 정보를 받아들이는 수동적 기능을 담당하는 반면, 전두엽의 시각계는 전두엽에 있는 사고계나 전달계, 운동계와 마찬가지로 무언가를 하고자 하는 능동적 기능을 담당합니다. 보고 싶은 것이 있으면 눈에 지시해서 눈동자를 움직이는 것이 전두엽 시각계의 기능입니다. 그러므로 '보겠다'라는 굳은 의지가 있으면 전두엽의 시각계가 자극받아 보고자 하는 정보를 스스로 찾게 됩니다. 이것이 보고자 하는 것을 의도적으로 보기 위한 뇌과학 원리입니다.

이때 '주제(찾는 것)'를 최대한 구체적으로 정하는 것이 중요합니다. 갖고 싶은 것은 무엇인지, 어떤 사람과 만나고 싶은지, 내가 원하는 나의 모습은 무엇인지와 같이 목적이나 목표를 최대한 뚜렷하고 선명하게 그려야 합니다. 원하는 것을 찾아내는 눈을 갖고 있다면 눈이 항상 먼저 반응하게 됩니다.

사진 속에 내가 있다고
상상하기

명상 효과 ★ 고정관념이 없어지고 사물을 보는 시선이 자유로워진다

원하는 인생을 사는 사람은 시야가 넓습니다. 사물을 여러 각도로 볼 수 있으니 고정관념에 사로잡히는 일 없이 자유롭게 아이디어를 내고, 미래를 내다보며 행동하지요.

〈 방법 〉

① 다음 페이지에 있는 사진을 자세히 보세요.

② 사진에서 보이는 것을 말해보세요. '구름' '가로등' '길을 걷는 사람' 등 눈에 띄는 것을 말하면 됩니다.

③ 이제 여러분이 사진 속에 있다고 상상한 다음, 보이는 것을 말해보세요. 사진 속에 있는 여러분에게는 무엇이 보

이나요? 저 멀리 어떤 풍경이 펼쳐져 있나요? 길을 걷고 있다면 무엇이 보이나요? 빌딩 안에 있다면 무엇이 보이나요? 구름 위에 앉아 있다면 무엇이 보이나요? 이렇게 상상하며 스스로 답해보세요.

◇ 포인트 ◇

어떤 사진을 사용하든 상관없습니다. 예로 든 사진은 제가 영국 옥스퍼드에서 찍은 길거리 풍경인데요, 이런 스냅사진도 가능합니다. 여러분이 여행지에서 직접 찍은 사진을 봐도 좋

고, 노트북 바탕화면에 뜨는 풍경 사진이나 길거리 광고, 포스터 사진을 봐도 좋습니다.

사진에서 보이는 것이 평소 여러분의 시점입니다. 그리고 '내가 사진 속에 있다'라고 상상하고 보는 것이 시점을 바꾸는 방법입니다. 자신의 위치를 바꾸면 시야가 넓어지고, 사물을 다각도로 파악할 수 있습니다. 다시 한번 이야기하지만, 상상하는 것만으로도 뇌에 자극을 줍니다. 상상은 뇌를 바꿉니다.

앞서 설명했듯 뇌가 활성화되면 산소를 소비하고 혈류도 바뀝니다. '실제로 달을 봤을 때'와 달리 '달을 본다고 머리로 상상했을 때'에는 동일한 뇌영역의 혈류가 달라질 뿐 아니라, 실제로 볼 때와는 다른 뇌영역이 더 활발하게 활동한다는 연구 결과가 있습니다. 대표적인 예로 스포츠 선수가 하는 이미지트레이닝을 들 수 있습니다. 뇌과학적으로도 이미지트레이닝은 탁월한 효과가 있습니다.

사진을 다양한 각도에서 보면 시각계의 뇌 가지가 발달하고, 일상생활에서도 더 넓은 시야로 사물을 파악하게 됩니다. 그리고 이 활동을 반복하면 지금까지는 작게만 보였던 세상이 조금씩 넓어지는 것을 느낄 수 있습니다. 확 트인 시야로 사물을 보면 훨씬 깊고 유연하게 생각할 수 있으며, 좋은 아이디어도 많이 떠올리게 됩니다.

거리의 풍경 사진을 예로 들었지만, 다른 사진도 괜찮습니다. 익숙해지면 실제로 사진 속 장소에 가보는 것도 추천합니다. 저는 스마트폰에 고향의 사진이나 지중해 사진 몇 장을 넣어두고 지하철에서 이 활동을 실천하고 있습니다. 따분할 때도 이 명상을 하다 보면 어느샌가 시간이 훅 지나갑니다.

식물을 세세하게 상상하기

명상 효과 ★ 작은 변화에도 민감해진다

이전 명상은 넓은 세상을 내다보고 시야를 넓히는 뇌 사용법이었지만, 이번에는 반대로 좀 더 세세한 곳까지 보는 방법을 알아보겠습니다. 이 명상을 하면 지금까지 알아채지 못하고 지나치던 사물에 민감하게 반응할 수 있게 됩니다. 알아채는 힘이 강해지지요.

◦ 방법 ◦

① 1분 정도 하는 긴 호흡을 시작으로 마음이 어느 정도 차분해질 때까지 계속 호흡합니다.

② 머릿속에 튤립 한 송이를 그려보세요. 무슨 색인가요? 만

지면 어떤 느낌인가요? 최대한 구체적으로 상상해보세요.

③ 그다음에는 여러분이 튤립 꽃밭 한가운데에 있다고 상
상해보세요. 여러분이 작아졌다고 생각하고, 튤립의 작은
부분까지 세세하게 관찰합니다. 꽃잎은 몇 개인가요? 수
술과 암술은 어떻게 생겼나요? 어떤 향기가 나나요? 잎
은 어떻게 생겼나요? 잎맥은 어떤 모양인가요? 잎의 앞
과 뒤는 무엇이 다른가요?

◇ 포인트 ◇

최대한 사실적으로, 세세한 부분까지 머릿속으로 그려봅니
다. 대충 상상하지 말고 작은 것 하나하나까지 자세하고 꼼꼼
하게 그려보세요.

◇ 해설 ◇

이 명상을 하고 나서 주위를 돌아보면 놀랄 만큼 세세한 부
분까지 눈에 들어옵니다. 다른 사람의 표정이나 태도, 사소한
행동까지 작은 변화를 빠르게 알아챌 수 있습니다. 공간의 분
위기나 흐름도 읽을 수 있지요. 이것은 특히 업무를 할 때 필요

한 능력 중 하나입니다.

　이 명상을 시작하고 나서 문제를 미리 막을 수 있었다며 고마워하는 환자도 있었습니다. 문제가 발생하기 전에 불길한 예감이 들었던 것입니다. 문제를 피할 뿐 아니라 '이 일은 고되지만 나중에는 나에게 큰 자양분이 될 것 같다' '좋은 결과가 있을 듯하다'와 같이 좋은 예감이 드는 등 인생을 바람직한 방향으로 이끌어가는 데 이 명상이 커다란 도움이 될 것입니다.

3장

기억을 올바르게 다루면 멘탈이 강해진다

_ '기억력'을 높이는 명상

기억력은
곧 삶의 질이다

보는 힘을 기르는 명상을 익혔다면, 이번에는 기억력을 높이는 명상을 배워보겠습니다. 2장에서 말씀드렸던 시각 회로는 다양한 뇌영역과 연결되어 있지만, 그중에서도 기억계와 깊이 연관되어 있습니다.

'기억'이라고 하면 영어 단어나 수학 공식을 암기하는 공부가 떠오르지요. 기억은 학습에 필요한 능력이며, '기억계 트레이닝'은 치매 예방에도 효과적이라 환자들에게 자주 추천합니다.

뇌과학 명상을 해서 기억력이 향상되면 자신감이 생기고, 나아가 멘탈이 강해집니다. 왜 기억력을 향상하면 멘탈이 강해질까요? 자신의 머릿속에 기억된 정보가 명확해지면 다음에 어떻게 행동해야 하는지 확실하게 알 수 있기 때문입니다.

바꿔 말해 '기억된 정보'가 모호하면 다음에 어떻게 행동해야 하는지도 모호해지며, 때로는 잘못된 선택을 하게 됩니다. 그러면 갈수록 자신의 기억이나 선택에 자신감이 없어지고, 결과적으로 멘탈이 약해지지요. 예를 들어 '다른 사람에게 싫은 소리를 들었던 일'만 뇌리에 희미하게 남고 '그날의 상황이나 사건의 흐름'이 선명하게 기억나지 않으면, 불안해하거나 그런 자기 자신을 이해하지 못해 혼란스러운 경우가 많아집니다.

그러므로 먼저 '있는 그대로의 기억'을 재현해봅시다. 여러분이 매일 하는 행동을 선명하게 기억하면 여러분 본연의 모습을 받아들일 수 있고, 자신감도 회복할 수 있습니다. 이럴 때는 이제 소개할 기억계 명상이 유용합니다.

✦ 나의 뇌는 기억 정돈을 잘하고 있는가?

뇌는 기억장치입니다. 과학적으로 뇌는 나이테처럼 정보나 경험을 덧쓰면서 성장합니다. 한번 뇌에 새겨진 기억은 바꿀 수 없습니다. 덧쓰기를 했다고 해서 이전의 기억이 사라지는 것은 아닙니다.

문득 옛날 생각이 날 때 있지 않나요? 깨끗이 잊었다고 생각했지만, 별안간 당시의 모습이 눈에 선했던 적은 누구에게나 있을 것입니다. 그 이유는 바로 '과거의 기억'이 뇌에 또렷이 남아 있기 때문입니다. 본인이 그 사건을 잊었다고 해도, 경험한 기억은 뇌에 선명하게 새겨져 있습니다.

문제는 매일같이 덧쓰는 기억을 뇌가 제대로 처리하고 있느냐는 점입니다. '기억을 처리한다'라는 말은 정보를 뇌에 정착시키는 해마와 그 주변에 위치한 기억계가 활성화되어, 그때의 경험이나 정보를 자세히 훑어본 후 필요한 정보만을 적절한 뇌영역에 보내준다는 뜻입니다.

곧 뇌로 들어오는 무한한 정보를 정돈한다는 말인데, 우리가 더 나은 삶을 살기 위해서는 이 '기억 정돈'이 아주 중요합니다.

✦ 삶의 중심을 잡아줄 기억 명상

기억이 명확해져도 제대로 정리하지 못한다면, 미래에 일어날 일을 대비할 때 과거의 기억을 활용하지 못하거나 어떤 기억을 써야 할지 알 수 없습니다. 기억을 정돈해두면 과거의 기억을 되살려 미래를 예측할 수 있고, 자신이 처한 상황이나 입장, 위치를 망각하지 않게 됩니다.

나아가 자신의 정체성을 명확하게 확립할 수 있습니다.

정체성은 우리가 기억한 정보나 경험을 토대로 만들어집니다. 이것을 새롭게 인식해 정돈하면 스스로 중심을 잡을 수 있습니다. 그리고 여러분만의 중심을 잡으면 다른 사람의 의견에 휘둘리지 않고 자신 있게 행동할 수 있습니다. 이제부터 기억력을 높이는 뇌과학 명상을 시작해볼까요?

'그날 일어난 일'을 시간순으로
자세하게 떠올려보기

명상 효과 ★ 삶의 질이 좋아진다

이 명상은 먼저 여러분의 기억과 마주하는 것에서 시작합니다. 뒤죽박죽 섞이기 쉬운 기억을 정돈하는 연습입니다. 기억은 덧쓰기의 연속입니다. 그러니 이 명상도 매일 실천하는 것이 좋겠지요.

◇ 방법 ◇

① 하루를 마무리하면서 그날 일어난 일을 되돌아봅니다. 1분 정도도 좋지만, 가능하다면 10분 동안 해보세요. 일어나서 잠들기 전까지 있었던 일을 순서대로 떠올립니다. 되도록 세세한 부분까지 최대한 사실적으로 떠올려보세

요. 그리고 그때의 주변 상황이나 장면, 물건 하나하나까지 구체적으로 떠올립니다.

② 1분 정도 긴 호흡을 한 후에 이 명상을 하면 자연스레 그 날 하루 있었던 일들이 떠오릅니다. 노트에는 다음과 같이 적습니다. 여유가 있다면 그림으로 기록해도 좋습니다.

⟪ 예시 ⟫ 34세 회사원의 하루

- 아침에 일어나 커튼을 걷고 하늘을 봤다.

- 세면대에서 세수한 다음 거실에서 신문을 읽으며 이를 닦았다.

- 아침을 먹었다.

- 무슨 옷을 입을지 조금 고민했다. 오늘은 하늘색 셔츠와 어두운 남색 정장을 입었다.

- 마지막으로 거울 앞에서 물방울무늬 넥타이를 매고 나갈 준비를 마쳤다.

- 오늘은 옷을 고르느라 평소보다 늦게 집을 나섰다.

- 아슬아슬하게 지하철을 타고 지각하기 직전에 회사에 도착했다.

- 출근하자마자 이메일을 확인하고 답장을 보내느라 정신이 없었다.

- 오후에는 회의를 했고 저녁에는 거래처에 갔다.

- 퇴근 후에는 동기 모임이 있었다. 모인 동기는 나까지 다섯 명.
- 회사 앞에 있는 바에서 와인을 마셨다.
- 기분 좋게 집에 돌아와 욕조에서 목욕하면서 피로를 풀었다.

◇ 포인트 ◇

잠자리에 들기 전 이불 속에 누워서나 욕조에서 목욕하면서 하는 것을 추천합니다.

◇ 해설 ◇

현대인 대부분이 어려움을 겪는 일이 바로 지나간 일을 되돌아보는 작업입니다. 이 작업을 하면 뇌에 네 가지 효과를 줄 수 있습니다.

《 효과 ❶ 》 지나간 일에 의미를 부여할 수 있다

되돌아보기를 계속하다 보면 과거의 기억을 토대로 오늘 일어난 일이 자신의 인생에서 어떤 의미와 가치가 있는지를 비교할 수 있습니다. 그러다 보면 그날 얻은 정보나 만난 사람이 자신에게 정말로 필요한지를 자연스레 판단할 수 있습니다. 잡다한 것들에 현혹

되는 일도 없어지지요.

《《 효과 ❷ 》》 자신을 객관적으로 볼 수 있게 되며 삶의 질이 좋아진다

되돌아보기는 자신의 행동이나 말을 재평가하는 데도 효과적입니다. 하루를 마무리하면서 그날 일어난 일을 되돌아보다가 그 당시에는 눈치채지 못했던 무언가를 깨닫고 퍼뜩 놀란 적 없나요?

되돌아보기를 하면 '그때 좀 더 그렇게 해볼걸' '이렇게 하면 좋았을 텐데' '너무 심하게 말했나?' '그건 쓸데없는 짓이었어'와 같이 자신이 부족하거나 지나치게 행동했던 부분을 깨닫게 됩니다. 지나간 일을 다시 평가하면서 '이제부터는 이렇게 해야지' '다음에는 다르게 시도해볼까?' 등 아이디어나 의욕이 생겨 하루하루 삶의 질이 높아질 수도 있습니다.

《《 효과 ❸ 》》 기억력이 향상되고 뇌가 균형을 이룬다

현대인은 기억력이 떨어지기 쉽습니다. 무언가를 떠올릴 때도 스마트폰이나 노트북 등 외부에 기억을 맡기는 경우가 많을 뿐 아니라, 일에 치이다 보니 스스로 의식해서 기억하는 습관이 몸에 배어 있지 않기 때문입니다.

　되돌아보는 시간은 기억력을 높이는 동시에 기억계를 유연하게
해줍니다. 한쪽으로 치우친 뇌의 균형을 맞추는 데도 효과적입니다.

《 효과 ❹ 》 **살아 있다고 실감한다**

　저는 되돌아보기를 계속하면서 무엇보다도 살아 있다고 실감합
니다. 내가 한 일이 오늘 하루를 살았다는 가치가 되기 때문입니다.
종일 무엇을 했는지 기억하지 못하면 허무하게 사라져버릴 뿐입니
다. 뇌는 변화를 자각하면 기억에 새깁니다. 어제와 오늘의 차이를
발견하면 더욱 살아 있다고 실감하게 됩니다.

감정기억과 함께 하루를 되돌아보기

명상 효과 ★ 놓치기 쉬운 자신의 마음을 알 수 있다

쉽게 불안해하는 사람들이 종종 '진짜 내 마음을 모르겠다'라고 하지요. 사실 진짜 마음은 기억에 잠재되어 있습니다. 이 명상은 〈기억력을 높이는 명상 ①〉에 '감정기억'을 더한 것입니다. '그때 어떻게 생각했는지'를 사실적으로 떠올려보세요.

◇ 방법 ◇

① 하루를 마무리하면서 10분 동안 그날 일어난 일을 되돌아봅니다. 아침에 일어나서 밤에 잠들기 전까지 일어난 일을 시간 순서대로 떠올려보는 것입니다. 최대한 세세하고 사실적으로 떠올려보세요.

② 그날 일어난 일은 물론 그때 무슨 생각을 했는지, 어떻게 느꼈는지 등을 되돌아봅니다.

≪ 예시 ≫ 34세 회사원의 하루

- 아침에 일어나 커튼을 걷고 하늘을 봤다. 오늘 날씨 진짜 좋다!

- 세면대에서 세수한 다음 거실에서 신문을 읽으며 이를 닦았다. 관심 있게 본 뉴스는 ○○였다.

- 아침을 먹었다. 크루아상, 햄, 달걀, 샐러드, 커피, 내가 좋아하는 음식들.

- 무슨 옷을 입을지 조금 고민했다. 오늘은 하늘색 셔츠와 어두운 남색 정장을 입었다.

- 마지막으로 거울 앞에서 물방울무늬 넥타이를 매고 나갈 준비를 마쳤다. 뭐 이 정도면 괜찮지 않을까?

- 오늘은 옷을 고르느라 평소보다 늦게 집을 나섰다.

- 아슬아슬하게 지하철을 타고 지각하기 직전에 회사에 도착했다. 큰일 날 뻔했다.

- 출근하자마자 이메일을 확인하고 답장을 보내느라 정신이 없었다. ○○씨가 내 이메일에 회신했는데, 긍정적인 답변이었다!

좋았어!

- 오후에는 회의를 했고 저녁에는 거래처에 갔다. 클라이언트가 불만을 제기했다. 조금 의기소침해졌다. 무엇이 문제였을까?

- 퇴근 후에는 동기 모임이 있었다. 모인 동기는 나까지 다섯 명. 이들과는 언제 만나도 편하고 좋다.

- 회사 앞에 있는 바에서 와인을 마셨다. 역시 치즈는 최고야. 어? 조금 과음했나?

- 기분 좋게 집에 돌아와 욕조에서 목욕하면서 피로를 풀었다. 배가 조금 나온 것 같기도 하고…….

<포인트>

이 훈련을 할 때는 예시처럼 기분을 노트에 적어두면 좋습니다. 여유가 없다면 머릿속으로 떠올리기만 하세요. 자신의 감정에 집중하면서도 주변 사람들의 행동을 좀 더 정확하게 떠올려보면 결과적으로 자신의 감정을 더 쉽게 기억할 수 있습니다.

기억은 네 가지로 나눌 수 있습니다. 말이나 문자를 처리하는 '언어기억', 풍경이나 사진 등을 담당하는 '영상기억', 몸을 움직이는 데 필요한 '운동기억', 마지막으로 자신의 감정에 관련된 '감정기억'입니다.

여기서 다룰 기억은 감정기억입니다. 그때 자신은 어떻게 느꼈는지, 무슨 생각을 했는지를 제대로 떠올리는 것이 뇌에 중요합니다.

감정 돌아보기에 익숙해지면 더 나아가 '감정기억 정리하기'에도 도전해봅니다. '긍정적인 감정기억'과 '부정적인 감정기억'으로 나눈 다음, 각각의 상황을 떠올립니다.

예를 들어 부정적인 감정기억이 있다면 왜 싫었는지 그 이유를 생각해보세요. 이유가 '상대방의 표정'이라면 우뇌가 자극되며, 누군가 아무렇지도 않게 던진 '말'이라면 좌뇌가 자극됩니다. 좌뇌는 감각이나 직관, 우뇌는 언어와 윤리를 관장하

기 때문이지요. 이렇듯 감정을 변화시킨 주체가 말인지 영상인
지를 의식하며 떠올리다 보면 자연스럽게 감정기억이 뇌를 자
극하게 됩니다.

불쾌한 기억을 담아놓는
상자 만들기

명상 효과 ★ 불쾌한 기억에 끌려다니지 않는다

누구나 잊고 싶은 기억이 한두 개 정도는 있지요. 하지만 불쾌한 기억에 끌려다니다 보면 우리가 원하는 대로 살 수 없습니다. 특정한 기억을 잊고 싶다면 이 명상을 추천합니다.

◇ 방법 ◇

① 지금까지 여러분이 경험했던 '불쾌한 기억'을 떠올려보세요. 기분이 좋지는 않겠지만 꾹 참아야 합니다.

② 머릿속에 '불쾌한 기억 상자'가 있다고 상상해보세요. 어떤 상자든 상관없지만, 자물쇠가 달린 튼튼한 상자가 좋겠습니다.

③ ①의 불쾌한 기억을 ②의 불쾌한 기억 상자에 넣고, 열쇠
　　로 잠그는 장면을 상상합니다.

④ 불쾌한 기억 상자를 머릿속 깊숙이 넣는 모습을 상상해
　　봅니다.

◇ 포인트 ◇

불쾌한 기억에는 제목을 붙입니다. 예를 들어 '중학교 2학년
때 창피했던 기억'처럼 제목을 붙이면 불쾌한 기억이 구체적인
시기나 장소로 한정됩니다. 그러면 같은 중학교 시절에 경험한
행복한 기억이 싫었던 기억에 뒤덮여 잊혀지지 않습니다.

◇ 해설 ◇

'좋은 기억'이 있으면 '나쁜 기억'도 있습니다. 그런가 하면
절대 떠올리고 싶지 않은 불쾌한 기억도 있겠지요. 어릴 적에
겪었던 창피한 기억, 연인이나 가족과의 헤어짐, 업무 실수 등
마음에 상처로 남을 듯한 기억은 최대한 뇌에서 지워버리고
싶은 법입니다.

다시 한번 말씀드리지만 뇌는 기억장치입니다. 안타깝지만 뇌에서 기억을 지울 수는 없습니다. 하지만 떠오르지 않게 할 수는 있습니다. 그러려면 불쾌한 기억을 깔끔히 정리해서 그 위치를 명확히 해두어야 합니다. 잊고 싶은데도 갑자기 불쾌한 기억이 떠오르는 이유는 기억이 뇌에서 여러 영역과 애매하게 연결되어 있기 때문입니다. 그 영역이 작동할 때마다 불쾌한 기억도 연동되어 떠오르는 것이지요.

불쾌한 기억이 떠오르지 않게 하려면 그 기억을 물건으로 바꾼 후 자물쇠가 달린 상자 안에 넣는 모습을 상상하세요. 그리고 머릿속 깊은 곳에 넣는 방법이 가장 효과적입니다.

기억이란 잊어버리려고 노력하면 할수록 계속 떠오르는 탓에 오히려 선명해지기 마련입니다. 그러나 이 방법으로 기억을 상자에 넣어두면 꺼내려는 의지가 있어야만 기억을 꺼낼 수 있으니, 원하지 않는 이상 다시 생각할 일은 없겠지요. 그래도 문득 생각난다면 지금의 나와는 상관없다는 마음으로 기억 상자에 되돌려놓으면 됩니다. 그러면 바로 뇌에서 떨쳐낼 수 있습니다. 머릿속으로 상상하는 것뿐이지만, 환자에게도 해보라고 권했더니 실제로도 효과가 있었습니다.

즐거운 기억을 종이에 적기

명상 효과 ★ 긍정적인 사고의 소유자가 된다

긍정적으로 생각하라는 말은 많이 듣지만, 실천에 옮기는 것은 생각보다 쉽지 않습니다. 일단 부정적으로 생각하기 시작하면 걷잡을 수 없습니다. 우울할 때나 부정적인 감정이 들 때 이 명상을 하면 효과적입니다.

◇ 방법 ◇

① 먼저 노트를 준비합니다.

② 천천히 긴 호흡을 하면서 노트에 즐거웠던 기억을 적습니다. 사소한 일이어도 됩니다. 어제오늘 일이나 몇 년 전 일, 어릴 적 추억 등 무엇이든 상관없습니다. '초등학생 때

제출했던 여름방학 글쓰기 숙제로 상을 받았다''처음 입사한 회사에서 해외여행을 갔는데 재미있었다''오늘 새 아이스크림이 출시됐다' 등 사소한 것도 좋습니다.

과거에 경험했던 즐거운 일이나 무언가를 이룬 기억, 오늘 새롭게 발견한 것들을 생각날 때마다 적을 수 있도록 즐거운 기억 노트를 준비해두면 좋습니다.

자신감이 없거나 불안해질 때면 좋지 않은 습관이 나오고는 합니다. 바로 즐거운 일을 떠올리지 못하는 것인데요. 이것저것 다 해봐도 기분이 나아지지 않는다며 하소연하는 사람도 있습니다. 그 이유는 기억계가 약한 탓에 즐거운 기억을 능숙하게 꺼내지 못하기 때문입니다. 사실은 즐거운 일들이 많을 텐데, 그 기억들이 머릿속에 자리 잡지 못하고 쉽게 희미해지는 것입니다.

'즐거웠던 일'이나 '무언가를 이룬 기억' '새롭게 발견한 사실'처럼 좋은 것만 떠올리는 연습을 해보세요. 기억계는 정보를 떠올리면 떠올릴수록 더욱더 선명하게 기억하는 영역입니다. 즐거운 기억을 계속 떠올리다보면 자연스레 긍정적으로 생각할 수 있습니다.

또 즐거웠던 기억을 떠올리는 일은 기억계의 핵심 영역인 해마를 강화하는 데도 효과적입니다. 해마는 스트레스를 지나치게 많이 받으면 위축되는 성질이 있습니다. 즐거운 일을 생각하면 자연스레 긴장이 풀리고, 해마의 힘을 강화할 수 있습니다.

저는 저만의 '즐거운 추억 목록'을 만들어두었습니다. 그리고 이 목록에 있는 일들을 떠올릴 때마다 혼자 웃음 짓고는 합니다. 그러면 자연스레 얼굴에 행복한 미소가 번지는지 가족에게 "뭐 좋은 일 있었어?"라는 말을 종종 듣습니다. 제 목록 일부를 살짝 공개하자면, '20년 전에 했던 낚시'와 '외국에서 맛있게 먹었던 스콘'이 있는데요. 이렇게 '나만의 즐거운 기억'을

- 초등학교 2학년 때 회화 콩쿠르에 입선했다.

- 고등학교 마지막 동아리에서 지역 예선에 나갔다가 전국체 전까지 진출했다.

- 첫 회사에서 간 해외여행이 정말 즐거웠다.

- 오늘 새 아이스크림이 출시됐다.

언제라도 사실적으로 떠올릴 수 있도록 준비해둡니다.

　참 신기하게도 즐거운 기억을 떠올릴 때는 시간이 천천히 흐르는 듯 느껴질 뿐 아니라 호흡도 저절로 느리고 길어집니다. 아무리 노력해도 우울함이 사라지지 않는다거나 불안해서 견딜 수 없다는 환자에게는 이 명상을 권합니다. 그 결과 뇌 사진에도 변화가 뚜렷하게 나타났으며, 몇 번 반복하자 환자의 기분이나 성격도 밝아졌습니다.

사진 앨범을 보고 '당시의 기분'을 떠올리기

명상 효과 ★ 진짜 하고 싶은 것을 발견할 수 있다

앞서 설명한 것처럼 뇌에는 '지금까지 경험한 기억'이 새겨져 있습니다. 기억에는 자신이 나아가야 할 미래에 대한 단서가 숨겨져 있습니다. 이 명상을 자주 하다 보면 바쁘게 사느라 잊고 있던 꿈이 다시 생각날지도 모릅니다.

◇ 방법 ◇

① 어릴 적 여러분의 모습이 담긴 앨범을 준비합니다. 필름 사진을 추천하지만 컴퓨터나 스마트폰에 저장된 사진도 괜찮습니다.

② 사진을 연도별로 되돌아봅니다. 어렸을 때 어떤 나날을

보냈는지 되돌아보며 당시 좋아했던 것, 푹 빠졌던 것, 설 렜던 것 등을 떠올려봅니다.

◇ 포인트 ◇

당시의 기분을 최대한 구체적으로, 자세한 부분까지 떠올 립니다.

◇ 해설 ◇

'진짜 나를 알고 싶다' '뭘 하고 싶은지 모르겠다' '좋아하 는 게 없다'라며 답답해하는 사람들이 있습니다. 나아가야 할 길이 정해지지 않았다면 막연하게 미래를 의식하지 말고 과 거에 기대보세요. 기억계를 자극해 과거의 행동을 되살려보고, 반추하는 것입니다.

예를 들어 '유치원 때는 무엇에 흥미를 느꼈을까?' '초등학 생 때는 무엇에 푹 빠져 있었을까?' '중학생이나 고등학생 때 는?'과 같이 스스로 묻고 답하면서 그 시절에는 실제로 무엇을 했고, 어떤 일을 재밌어했는지 떠올려봅니다.

'실제로 경험해본 것'을 떠올리면 '내가 좋아했던 것'을 확인할 수 있고, 다시 '내가 원래 하고 싶었던 것'이 명확해질 것입니다. 잠깐이라도 경험해본 것만이 의욕을 불러일으킵니다. 들어본 적 없고 접해본 적 없는 세계의 일은 아예 하고 싶다는 생각이 들지 않는 법이지요. 나이가 들수록 기억은 현재의 뇌를 만드는 토대가 됩니다.

'경험한 것'을 연도별로 떠올려보면 자신의 정체성을 다시한번 확인할 수 있습니다. 그러나 이 명상은 단순한 '자아 찾기'에 그치지 않습니다. 기억을 정리하는 데 유용하며, 기억계를 활성화하는 데 도움을 줍니다. 물론 치매 예방이나 치매 증상 개선에도 효과적입니다.

본인이 치매인 것 같다며 병원에 찾아온 환자가 있었습니다. 그 환자와 함께 예전 사진을 보며 한 시간 정도 이야기를 나누었더니, 본인이 "요즘 물건을 잘 잃어버린다"라고 말했던 것조차 까맣게 잊어버릴 정도로 과거의 기억을 이야기하는 데 여념이 없었습니다.

사진을 찍던 때의 상황뿐 아니라 그 시절에 겪은 일, 당시 유행한 노래까지 떠올리며 흥얼거렸습니다. 사진 속 인물이 입은 옷을 보고 "이건 나팔바지인가요?"라고 묻자 "맞아요. 당시에는 통이 넓은 바지가 유행이었죠"라며 이야기를 쭉쭉 이어 나갔습니다. 환자의 딸은 엄마가 요즘 울적해한다며 걱정했지만, 환자는 그런 기색 없이 오히려 활기찬 표정으로 저에게 사진에 관해 설명해주었습니다. 이렇듯 기억계를 활성화하면 자신감을 갖게 됩니다.

4장

어떠한 고민에도
끄떡없는
뇌를 만들어라

_'유연한 뇌'를 만드는 명상

고민을 딛고 뇌가
앞으로 나아갈 수 있게

누구나 고민 한두 개씩은 안고 삽니다. 그렇다면 애초에 고민은 뇌과학적으로 어떻게 생길까요? 뇌의 구조적인 측면에서 보면 그 답은 간단하게 알 수 있습니다.

✦ 고민이 생기는 뇌의 메커니즘

바로 '덜 발달한 뇌'를 쓰려고 할 때 고민이 생기기 쉽습니다. 뇌가 이해하지 못하기 때문입니다. 뇌는 이해할 수 없으면 계속 그 답을 찾아 헤맵니다. 답을 찾지 못할 때 뇌는 고민을 하게 됩니다.

우리는 주로 '좋아하는 것'과 '잘하는 것'에 관련된 뇌의 영역을 쓰려고 합니다. 할 수 있는 일을 하면 기분이 좋아지고 즐거워집니다. 그러면 해당 영역을 사용하는 횟수가 늘면서 점점 뇌가 발달하지요.

한편 '서툰 것' '싫어하는 것'에 관련된 뇌영역을 쓰는 일에는 소극적입니다. 불가능한 일을 하려면 인내와 괴로움, 고통이 수반되므로 어떻게든 멀리하려고 하지요. 곧 뇌가 고민을 피하는 것입니다.

'서툰 뇌영역'을 쓰지 않으면 뇌의 이해력은 더 이상 발전하지 않고 제자리걸음합니다. 원래 서툰 뇌영역이 아니더라도 '쓰지 않는 상태'가 지속되면 점점 퇴화합니다. 막상 쓰려고 해도 제대로 작동하지 않고, 생각한 대로 활성화되지 않으면 짜증, 화, 초조함과 같은 부정적인 감정이 생깁니다. 그리고 '왜 이런 게 안 될까?' '나는 글렀나 보다' '다른 사람은 잘만 하던데'라며 고민에 빠지지요.

✦ 고민에 빠졌을 때 필요한 것

인간은 고민할 때 뇌의 사고계와 감정계에 정신을 집중합니다. 고민하는 뇌란 이 두 영역에 의식이 멈춰 빙빙 도는 상태를 말합니다. 그 결과 다른 뇌영역이 활동하지 못하는 상태가 바로 고민이 지속되는 원인입니다.

사고계는 사고나 의욕, 창의력, 집중력 등 고도의 기능을 관장하므로 미래에 쉽게 대응할 수 있습니다. 현실의 방향성이나 지향점 등을 관장하는 뇌 전체의 사령탑 역할을 합니다. 감정계는 희로애락을 관장해 기쁨과 즐거움 등 긍정적인 감정을 일으키는 동시에 불안이나 부정적인 기분도 만들어내지요.

사고계와 감정계는 바로 옆에 위치하고 있으며 서로 연동되어 움직입니다. 매사가 생각한 대로 흘러가지 않으면 슬픔이나 고통 등 부정적인 감정이 수반되고, 이러한 감정이 사고계를 점점 자극해 의식을 지배하게 됩니다.

고민하고 있으면 사고계와 감정계만 활성화되어 '나는 어떻게 하고 싶은가?'라는 욕구와 감정만 커집니다. 그리고 자신이 처한 현실에서 점점 동떨어지게 됩니다. 이런 상태가 고민을 더욱 키우지요.

고민은 대부분 정보나 지식이 부족해 이해력이 낮을 때 생깁니다. 그러므로 고민을 해결하려면 자신의 뇌에는 존재하지 않는 정보, 곧 새로운 정보를 받아들이는 것이 중요합니다. 새로운 정보가 들어오지 않으면 뇌는 이해력이 부족해서 고민을 해결할 수 없습니다.

그래서 뇌가 고민에 빠졌을 때 도움을 주는 영역이 이해계입니다. 이해계는 시각계와 청각계에서 보고 들은 새 정

보와 과거의 정보를 '종합적으로 이해하는' 공장이라고 할
수 있습니다.

고민하지 않거나 고민을 해결하기 위해서는 정보를 수
집해야 합니다. 적어도 정보를 모으는 동안에는 고민하지
않습니다. 뇌 구조상 고민할 수 없는 상태가 되는 것입니
다. 예를 들어 은둔형외톨이는 고민하다 보니 은둔한 것이
아니라, 은둔하다 보니 고민이 많아진 것일 수 있습니다.

눈을 움직여 다양한 것을 보고(시각계), 바람 소리나 사
람들의 말을 듣고(청각계), 그것을 자신의 경험으로 기억
하는(기억계) 등 이해계가 발달하도록 정보를 수집하는 것
이 고민을 해결하는 열쇠입니다.

✦ 뇌가 바뀌면 고민도 달라진다

때때로 고민은 인간을 약하게 합니다. 고민을 잊으려고

술을 마시거나 거짓말을 하고, 울적하게 하루하루를 보내거나 바람직하지 않은 방법을 택하는 사람도 있습니다.

그러나 뇌과학에서 말하는 고민이란 이해해서 앞으로 나아가려는 뇌의 증상입니다. '덜 발달한 뇌'가 죽을힘을 다해 발달하려고 하거나 뇌 가지를 왕성하게 뻗으려 노력하는 중인 것입니다. 심리학이나 도덕에서 '고민은 나쁜 것이 아니라 자신을 성장시키기 위한 기회'라고 하지요. 뇌과학에서도 마찬가지입니다.

덧붙여 고민은 그저 '물리적 현상'일 뿐입니다. 현재 여러분의 뇌가 일으키는 현상이며, 뇌가 조금이라도 바뀌면 고민의 내용이나 형태는 반드시 바뀝니다. 지금까지 갖고 있던 고민에 대한 인식을 발전시키고, 새로운 관점으로 바라보면 됩니다.

사고계와 이해계의 연결이 강화되면 뇌의 작업기억이라고 불리는 정보를 처리하는 양이 늘어나고 속도가 빨라

지므로 일상에 빈틈없이 대처할 수 있습니다. 또 감정계와 이해계의 연결이 강화되면 사람의 표정이나 인간관계의 양상을 재빠르게 파악할 수 있으므로 다른 사람이나 자신의 마음을 이해하고 행동할 수 있게 됩니다.

이해계가 활성화되면서 제자리걸음을 반복하던 사고계와 감정계에 물리적 변화가 일어나면, 그동안의 고민거리들이 언제 그랬냐는 듯 싹 풀리거나 오히려 즐거움이 되기도 합니다. 현재 여러분이 안고 있는 고민은 뇌가 바뀌면 완전히 달라 보일 것입니다. 뇌의 관점에서 고민은 그런 것입니다.

엄밀히 말하자면 여기에서 소개하는 내용은 고민을 해결하는 방법이 아닙니다. 고민에 휩쓸리지 않고, 고민이 생겼더라도 단시간에 해결할 수 있는 뇌를 만드는 명상입니다.

나아가 고민을 긍정적으로 받아들일 수 있는 뇌를 만드

는 방법입니다. 이렇게 '고민에도 끄떡없는 뇌'를 만들면 고민에 대처하는 방법의 실마리가 자연스럽게 보일 것입니다. 그리고 뇌가 바뀌면 지금 하는 고민은 더 이상 고민이 아닐지도 모릅니다.

머릿속에서 '빨간 동그라미'와 '파란 동그라미' 바꾸기

명상 효과 ★ 자꾸만 커지는 '고민덩어리 뇌'가 초기화된다

한번 고민에 사로잡히면 좀처럼 떨쳐내기가 쉽지 않습니다. 이럴 때는 고민이나 자기 자신을 다른 각도에서 바라보면 의외로 깔끔하게 해결되기도 하고, 고민에 사로잡혔던 때가 꿈처럼 느껴지기도 합니다. 이해하는 관점을 바꾸면 지금까지 무엇이 부족했는지 깨닫게 되지요.

◇ 방법 ◇

① 1분 동안 긴 호흡을 하고, 마음이 어느 정도 차분해지면 머릿속에 가로로 놓인 동그라미 두 개를 떠올려보세요 (떠올리기 어렵다면 오른쪽에 있는 그림을 보면서 따라

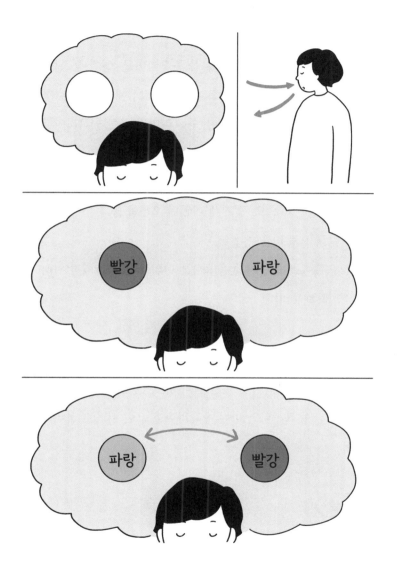

하세요).

② 두 개의 동그라미 중 오른쪽 동그라미를 '빨간색', 왼쪽 동그라미를 '파란색'으로 칠한다고 상상해보세요. 1분 정도 긴 호흡을 하면서 빨간 동그라미와 파란 동그라미를 바라봅니다.

③ 이제 색을 바꿔봅니다. '파란색'이었던 왼쪽 동그라미를 '빨간색'으로, '빨간색'이었던 오른쪽 동그라미를 '파란색'으로 바꿉니다.

④ 긴 호흡을 하면서 ③을 약 1분 단위로 몇 차례씩 천천히 반복해봅니다.

◇ 포인트 ◇

상상하기가 어렵다면 빨간 펜과 파란 펜, 종이를 준비해서 직접 빨간 동그라미와 파란 동그라미를 그린 다음 떠올려보세요.

◇ 해설 ◇

고민에 사로잡히면 기분이 우울해지고, 아무것도 손에 잡히지 않습니다. 하지만 어느 정도 시간을 두거나 다른 시점에서 바라보면 감정에 좌우되지 않고 고민과 마주할 수 있어 순조롭게 해결되기도 합니다. 고민에 사로잡히지 않으려면 생각하지 않는 시간을 만들어야 합니다.

뇌를 잠식해가는 고민을 멈춰서 '뇌를 초기화하는 것'이 중요합니다. 먼저 고민에 사로잡혀 있는 뇌 사용을 멈추고, 자꾸만 커지는 '고민덩어리 뇌'를 원래 상태로 되돌려놓아야 합니다. 그러려면 고민하지 않는 시간을 만들어야 하는데, 여기서 소개한 명상처럼 '단순한 뇌 사용법'이 효과적입니다.

정보처리 대상을 '빨간색 → 파란색' '파란색 → 빨간색'처럼 알기 쉽게 만들면 뇌에서 정신을 집중하는 대상이 명확해집니다. 그리고 머릿속에서 '빨간색 → 파란색' '파란색 → 빨간색'으로 색을 바꾸는 것은 관점을 바꾸는 연습입니다. 보이는 것, 곧 관점을 직접 바꿔서 고민과 마주하도록 연습하는 것입니다. 이 연습을 계속하다 보면 이해계가 활성화될 뿐 아니라 이해계를 자유자재로 쓸 수 있습니다. 그러면 관점을 바꿔서 고민을 마주할 수 있습니다.

배를 예로 들자면 이해계는 키잡이의 역할을 담당합니다. 이해계를 의식해서 움직이면 뇌는 고민의 방향을 바꿀 준비가 됩니다. 이러한 뇌 준비 과정을 거쳐 고민에서 일단 한 발짝 멀어질 수 있으며, 다시 한번 그 고민에 대해 생각할 수 있습니다. 지금까지 보이지 않았던 것이 보이고, 왜 그렇게나 고민했을까 돌아보게 되지요. 뇌가 바뀌면 고민의 형태가 바뀝니다.

어느 정도 익숙해졌다면 이 단순한 뇌 사용법을 여러분의 스타일대로 응용해보세요. 예를 들어 '가로 정렬'된 두 개의 동그라미를 '세로 정렬'로 바꿔서 도전해봅시다. 파란색이나 빨간색뿐 아니라 노란색이나 초록색, 주황색 등 다양한 색을 쓰는 것도 좋습니다. 난이도를 높여 동그라미를 세 개, 네 개, 다섯 개로 늘려서 해도 됩니다.

고민을 넣는
머릿속 주머니 만들기

명상 효과 ★ 쓸데없는 고민으로 뇌를 소모하지 않는다

고민 중에는 나만 해결할 수 있는 고민이 있는가 하면 나 혼자서는 해결할 수 없는 고민도 있습니다. 후자는 고민해봤자 아무런 소용이 없습니다. 이럴 때는 뇌를 위해서라도 내버려두는 것이 상책입니다.

◇ 방법 ◇

① 고민을 넣을 주머니를 상상해봅니다. 실제 주머니처럼 입구를 꽉 묶을 수 있는 것을 추천합니다.

② 여러분의 고민을 고민의 기억이 담긴 물체 형태로 머릿속에 옮겨 놓습니다. 그 '고민이 담긴 물체'를 ①에서 만

든 고민 주머니에 넣어주세요. 기억계 옆에 고민 주머니를 놓아두는 모습을 상상합니다.

◇ 포인트 ◇

머릿속에 만든 고민 주머니는 필요할 때 꺼낼 수 있고, 필요 없을 때는 넣어둘 수 있습니다. 기억은 포도송이처럼 서로 관계있는 것끼리 같은 열매로 모이는 성질이 있습니다. 고민 주머니는 포도송이 중 하나라고 생각하면 됩니다. 포도가 먹고 싶을 때는 이 포도송이를 떠올리면 되고, 그렇지 않으면 머릿속 냉장고에 넣어두면 되지요. 고민 주머니도 마찬가지입니다. 시간이 있을 때는 머릿속에서 고민 주머니를 꺼내 실제로 눈앞에 두고, 명상할 때가 아니면 꺼내지 않기로 합니다.

◇ 해설 ◇

몸부림치며 괴로워해도 현실은 아무것도 바뀌지 않습니다. 고민해도 해결되지 않는 문제는 깔끔하게 포기하면 오히려 좋은 결과를 낳는 경우도 있습니다. 이럴 때 머릿속에 고민 주머니를 만들면 효과적입니다. 고민을 '고민이라는 틀'에서 꺼내면 언제 그랬냐는 듯 편안해집니다.

물론 고민이라는 틀에서 꺼낸다고 해도 완전히 잊을 수는 없으니, 고민 주머니 명상을 시작해보면 어떨까요? 해결할 수 없는 고민을 고민 주머니에 넣어버리는 것은 고민에 사로잡히지 않는 방법 중 하나입니다. 고민 주머니 명상 자체가 지금까지 쓰지 않았던 이해계를 활성화하는 것입니다. 최대한 사실적으로 천천히 떠올려보세요. 이해계가 더욱더 활성화되어 고민을 해결할 길잡이가 되어줄 것입니다.

앞서 뇌가 바뀌면 고민의 대상이나 인식 방법이 달라진다고 말했는데요. 뇌과학적 관점에서 인간의 고민은 크게 세 가지로 나눌 수 있습니다.

먼저 '과거의 고민'입니다. 지나간 일에 대한 후회나 인생의 뿌리를 흔드는 트라우마, 불쾌한 기억 등이 과거의 고민에 해당합니다. 이것을 '기억 의존형 고민'이라고 합니다.

두 번째는 '자신과 다른 사람 사이에서 생기는 고민'입니다. 지인이나 친구, 부모와 자식 등의 인간관계를 둘러싼 고민을 말합니다. 요즘에는 이러한 문제로 어려움을 겪는 사람이 많습니다. 이것은 '대인 의존형 고민'에 해당합니다.

마지막은 '자신의 뇌 사용법으로 인한 고민'입니다. 뇌의 구조나 사용법을 모르는 탓에 원하는 대로 살지 못하고 고민하는 경우입니다. 자신이 자신을 갉아먹기 때문에 '자폭형 고민'에 해당합니다.

그렇다면 여기서 질문입니다. 세 유형의 고민 중 자신이 직접 해결할 수 있는 고민은 무엇일까요? 정답은 세 번째, 자신의 뇌 사용법으로 인한 고민입니다. 다른 고민은 몰라도 이 고민은 여러분이 마음먹기에 달려 있습니다. 과거의 경험은 바꿀 수 없고, 자신의 생각대로 다른 사람을 움직일 수 없으니까요.

그러니 '나의 뇌 사용법으로 인한 고민' 외에는 일단 고민 주머니에 넣어보세요. 시간이 지나면 자신의 뇌 사용법이 바뀌고, 과거의 경험을 재평가할 수 있습니다. 다른 사람을 보는 시선이 바뀌거나 고민 해결의 실마리를 찾는 경우도 종종 있지요. '지금 당장 해결하고 싶지만 해결할 수 없는 고민'은 일단 고민 주머니에 넣어두세요.

콩주머니 놀이로 좌뇌와 우뇌를
번갈아 자극하기

명상 효과 ★ 우울했던 기분이 편안해진다

고민하다 보면 기분이 울적해집니다. 그럼에도 우리는 살아가야 하기에 축 늘어져 있지 못하는 때도 많습니다. 그럴 때는 이 명상을 추천합니다. 사용하는 뇌의 영역을 좌뇌에서 우뇌로, 우뇌에서 좌뇌로 바꾸면 고민에 지배당했던 뇌가 해방되어 짓눌려 있던 마음이 편해집니다. 여기서는 두 가지 방법을 소개하겠습니다.

〈◦방법 〈1〉◦〉

① 콩주머니를 두 개 준비합니다. 콩주머니가 없다면 탁구공으로 해도 됩니다. 직접 만들 경우에는 반으로 자른 신

문지나 화장지를 공처럼 동그랗게 뭉쳐 양손에 하나 쥡
니다.

② 일어서서 양손으로 저글링하면서 콩주머니 놀이를 합니다.

③ 이때 무릎을 직각으로 들어올리며 제자리걸음을 합니다.

④ 최소 10분, 최대한 오래 즐겨보세요.

<앋 포인트 ○>

눈을 손으로 던지는 콩주머니에서 떼지 않아야 합니다. 익
숙해지면 콩주머니를 최대한 위로 높게 던지세요.

<○ 방법 〈2〉 ○>

① 콩주머니를 하나 준비합니다. 콩주머니를 오른손으로 쥐
고, 양손을 1미터 간격으로 벌립니다.

② 콩주머니가 머리 위를 지나가도록 오른손으로 콩주머니
를 던져 왼손으로 잡습니다. 이때 던진 콩주머니가 그릴
포물선을 머릿속으로 그려본 다음 던집니다.

③ 다시 콩주머니가 머리 위를 지나가도록 왼손으로 던져올
린 후 오른손으로 잡습니다.

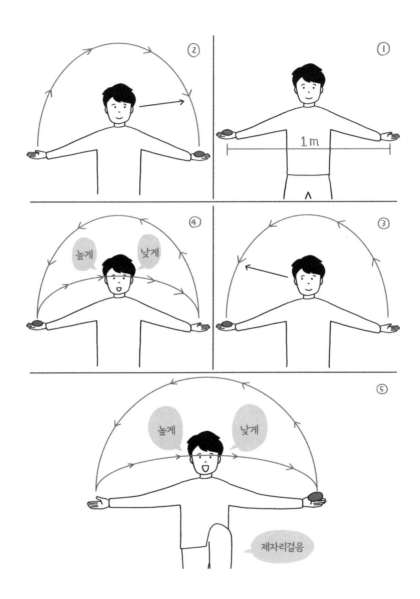

④ ②, ③이 익숙해지면 이번에는 눈앞을 지나가는 높이로 콩주머니를 던집니다. 그다음부터는 '머리 위'와 '눈앞'으로 높이를 바꿔가며 던지되, 던질 때는 '높게' '낮게'라고 말합니다.

⑤ 어느 정도 몸에 익었다면 제자리걸음을 하면서 해봅니다.

◇ 포인트 ◇

여기서 가장 중요한 점은 콩주머니를 제대로 잡는 것도, 재빨리 잡는 것도 아닙니다. 바로 던지기 전에 콩주머니가 그리는 포물선을 머릿속으로 그려보는 것입니다. '높게'라고 말할 때는 머릿속에서 높은 포물선을 상상하고, '낮게'라고 말할 때는 낮은 포물선을 상상하는 것이지요.

성공했다면 방법 〈1〉에서도 머릿속으로 포물선을 그리면서 던질 수 있도록 연습해봅니다.

◇ 해설 ◇

이 명상은 머릿속에서 고민을 떨쳐내고 싶을 때 쓸 수 있는 가장 손쉽고 빠른 방법입니다. 해결책이 없는 고민에 사로잡히면 이해계를 능숙하게 사용하지 못합니다. 앞서 설명했듯 사고계나 감정계를 써서 오래된 기억이 제자리걸음할 뿐입니다.

양손을 움직여서 콩주머니 놀이를 하려면 공간인지능력이 필요하므로 시각계와 이해계를 사용해야 합니다. 그리고 사고계가 운동계에 손을 움직이라는 지령을 내려야 합니다. 그러면 고민하는 데 쓰던 사고계 회로를 쓸 수 없게 됩니다.

특히 콩주머니 놀이를 하는 동안에는 양손, 양발을 움직일 뿐 아니라 움직이는 콩주머니를 눈으로 좇아야 하므로 운동계, 이해계, 시각계, 사고계를 동시에 쓰게 됩니다. 그러면 지금까지 고민할 때 쓰던 뇌 회로가 바뀌어 더 이상 고민하지 못하게 되지요.

콩주머니는 작지만 훌륭한 운동기구입니다. 어떤 운동이든 몸을 움직이는 것은 지금까지 쓰던 뇌 회로를 바꾸는 작업에 아주 효과적입니다. 이해계를 자유자재로 쓰면 이 작업을 막힘

없이 할 수 있습니다.

고민에 시달리다가도 조깅이나 산책을 하면 기분이 상쾌해지는 이유는 사용하는 뇌의 영역을 바꿨기 때문입니다. 고민하느라 제자리걸음을 하고 있던 뇌 회로가 바뀌면 뇌는 고민에서 해방되고 기분도 편안해집니다.

다만 인간은 적응의 동물이라 시간이 지나면 어떤 일이든 어느 정도는 자동으로 할 수 있습니다. 콩주머니 놀이도 익숙해지면 사고계를 거치지 않고도 바로 운동계가 작용해 효과가 떨어집니다. 그럴 때는 콩주머니 수를 세 개로 늘려 보거나, 무게가 다른 콩주머니를 준비하는 등 변화를 주면 좋습니다.

노래를 부르면서 콩주머니 놀이를 하는 것도 효과적입니다. 노래를 부르면 전달계를 쓰게 되어 사용하는 뇌의 영역을 보다 효과적으로 전환할 수 있으니 꼭 도전해보세요.

팔을 최대한 천천히
위아래로 움직이기

명상 효과 ★ 고민을 해결할 수 있는 뇌가 만들어진다

지금까지 '고민에도 끄떡없는 뇌'를 만드는 명상을 소개했는데요. 여기서는 한발 더 나아가 고민을 해결할 수 있는 뇌를 만드는 데 효과적인 명상을 다루어보려고 합니다. 이 명상에서 중요한 점은 자신의 의지로 '의식을 움직이는 것'입니다.

◦초보자용 방법◦

① 양손을 천천히 내리고 양발을 어깨너비로 벌리고 섭니다.

② 그런 다음 천천히 양손의 손바닥을 얼굴 또는 가슴 앞에서 마주하게 합장합니다.

③ 어깨에 힘을 빼고 코로 숨을 들이마신 후 내뱉습니다.

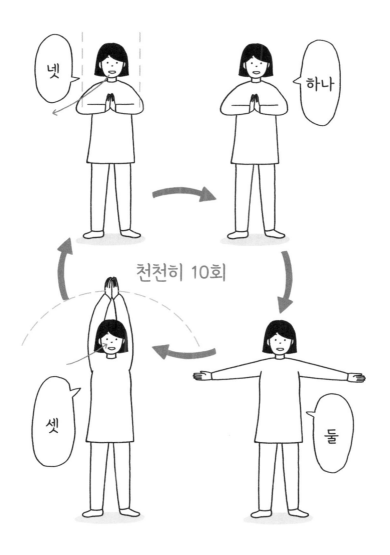

④ 합장한 채로 천천히 '하나'라고 말하면서 숨을 뱉고, 손바닥을 위로 향하게 해서 손을 앞으로 내밉니다.

⑤ 숨을 들이마신 후 천천히 '둘'이라고 말하면서 숨을 뱉고, 손바닥을 위로 향하게 해서 양팔을 좌우로 벌려 뻗습니다. 이때 양손 가운뎃손가락 끝에 의식을 집중합니다.

⑥ 숨을 들이마신 후 '셋'이라고 말하면서 숨을 뱉고, 포물선을 그리듯 천천히 팔을 들어 올려 머리 위에서 손바닥을 마주하게 합니다. 손가락 끝에 집중된 의식이 하나가 되는 것을 상상해보세요.

⑦ 숨을 들이마신 후 '넷'이라고 말하면서 숨을 뱉고, 머리 위에서 마주했던 손을 합장한 채 가슴 앞으로 가져오며 ②로 돌아옵니다.

⑧ ②부터 ⑦까지 10번 정도 반복합니다.

◇ 포인트 ◇

태극권을 한다고 상상하고 천천히 움직여보세요. 모든 단계에서 손가락 끝에 끊임없이 의식을 집중하면서 다른 곳으로 눈을 돌리지 않는 것이 중요합니다. 최대한 천천히 해보세요.

초보자용 방법에서는 '하나, 둘, 셋, 넷'으로 숫자를 썼습니다. 숫자에 익숙해졌다면 이번에는 《반야심경般若心經》에 있는 다음의 구절을 사용해보겠습니다.

아제 아제 바라아제 바라승아제 모지 사바하

① 합장한 채 '아제 아제 바라아제 바라승아제 모지 사바하'를 천천히 3번 소리 내서 말하고, 가능하다면 외워보세요.
② ('하나' 대신) 천천히 '아제 아제'라고 말합니다.
③ ('둘' 대신) 천천히 '바라아제'라고 말합니다.
④ ('셋' 대신) 천천히 '바라승아제'라고 말합니다.
⑤ ('넷' 대신) 천천히 '모지 사바하'라고 말합니다.
⑥ 이 동작을 10번 정도 천천히 반복합니다.

◇ 포인트 ◇

종교에 상관없이 《반야심경》 한 구절의 음을 즐긴다는 기분

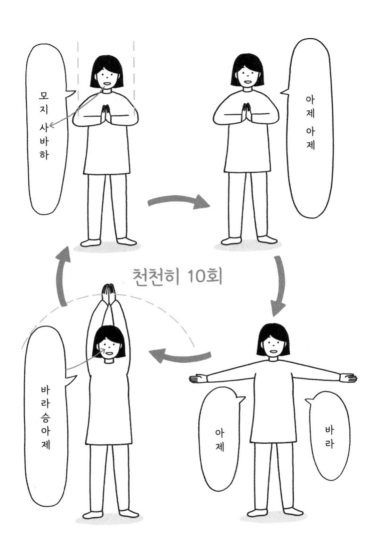

으로 소리 내어 읽어보세요. 목소리가 작아도 됩니다. 천천히 호흡하면서 해보세요. 참고로 이 말은 직역하면 '가자, 가자, 깨달음의 세계로. 모두 함께 가자, 깨달음의 경지로'라는 뜻입니다. 저는 이 구절을 가장 좋아해서 명상할 때 자주 외웁니다.

◇ 해설 ◇

인간은 고민할 때 의식이 고민의 대상에 머문 채 다른 곳으로 움직이지 않습니다. 다른 일에 신경 쓰지 않을 뿐 아니라 자신의 손가락 끝에도 정신을 집중하지 않지요. 고민에 맞서려면 먼저 자신의 의식을 다른 대상으로 옮기는 것부터 시작해야 합니다.

의식을 나와 관계없는 대상에게 옮기는 것은 막연하고 어려우므로, '정신을 집중하는 대상'을 여러분의 몸으로 정합니다. 이렇게 하면 운동계와 이해계를 한꺼번에 활성화할 수 있습니다. 그리고 숫자나 《반야심경》의 한 구절을 소리 내어 말하면 전달계와 운동계를 동시에 사용하게 됩니다.

또 다른 방법도 있습니다. 양팔을 앞으로 뻗은 후 뻗은 만큼 천천히 의식을 넓혀봅니다. 그리고 자신에게서 가장 멀리 떨어진 가운뎃손가락(사람에 따라서는 집게손가락인 경우도 있음) 끝에 정신을 집중합니다. 다음으로 양팔을 좌우로 벌려서 머리 위로 뻗은 후, 손바닥이 맞닿는 부분에 정신을 집중합니다. 그리고 손을 맞댄 채 원래 위치(수평)로 되돌아옵니다.

실제로 해보면 간단한 동작이지만, 공간인지능력이 필요하므로 운동계뿐 아니라 이해계도 활성화됩니다. 이를 통해 사고계나 감정계 안에서 빙빙 제자리걸음을 하던 탓에 불안정해진 의식을 오른손과 왼손으로 나눌 수 있습니다. 이 상태에서는 의식이 나뉘었다는 사실을 자각할 수 없지만, 양손을 맞대면 비로소 깨닫게 됩니다.

고민에 빠진 사람은 동시에 몸의 두 곳으로 정신을 집중할 수 없습니다. 고민에만 정신이 팔려 고민 외에 다른 것은 생각할 겨를이 없으며, 동시에 두 가지를 신경 쓸 여유가 없습니다.

동시에 두 곳으로 정신을 집중하면 고민에 의연해지는 것은 물론 뇌를 자유롭게 쓰는 정도도 눈에 띄게 좋아집니다. 이 명상을 하면 회사나 가정, 개인적인 일 등 다양한 문제를 폭넓게 생각할 수 있습니다. 이 명상을 꾸준히 실천한 어느 환자에게서는 여러 가지 회사 업무를 동시에 진행할 수 있게 되었다는 이야기를 들었습니다.

집중하는 대상을 자신의 몸으로 바꿨더니 '마음의 고민' '마음의 문제'가 가벼워졌다는 사람이 많습니다. 고민은 뇌가 제대로 작동하지 않는 상태이므로 몸을 움직이면 고민이 생기지 않습니다. 고민이 생기면 임기응변으로 명상을 하면서 뇌와 몸의 구조 자체를 단련하는 것이 뇌과학 명상의 의의 중 하나입니다.

5장

과부화된 뇌에게
휴식과 집중력을
되돌려주기

_'전환 스위치'를 만드는 명상

때에 맞춰 뇌를 바꿀 줄 알아야 일의 능률이 올라간다

업무나 공부를 시작해야 하는데 의욕이 생기지 않아 방 청소를 하거나 인터넷서핑만 한 적 없나요? 집중해야 할 때 집중하지 못하고, 미적미적하다가 쓸데없이 시간만 버린 경험은요?

저는 생각한 대로 일을 처리하려면 직접 뇌를 조종하는 것이 가장 빠르고 좋은 방법이라고 생각합니다. 예를 들면 일할 때는 일하는 뇌로, 집중할 때는 집중하는 뇌로 바꿔 쓸 수 있으면, 생각대로 일이 풀리지 않아 고민하거나 후

회하거나 초조할 일이 없어집니다.

하지만 이렇게 뇌를 자유자재로 바꿀 수 있는 사람이 얼마나 될까요? 자유자재로 뇌 전환이 가능한지는 좌측 전두엽을 보면 알 수 있습니다. 뇌 MRI 사진을 살펴보면, 뇌 전환이 잘 되지 않는 사람은 좌뇌의 전두엽, 즉 좌뇌 사고계의 일부가 하얀색입니다. 발달이 더딘 것이지요.

뇌를 자유롭게 전환할 수 있는 사람은 좌뇌 사고계가 발달해 뇌 가지가 새까맣습니다. 그리고 이 부분은 좌뇌 사고계 중에서도 실행능력과 관련되어 있습니다. 곧 계획을 실행에 옮기기 위해 운동계에 명령을 내리는 중요한 역할을 합니다. 이 실행계의 사령탑이 약하면 일의 실행 여부를 결정하는 뇌 전환 스위치를 쉽게 켜고 끌 수 없습니다.

비유하자면 핸들을 조작하지만 반응이 느려서 사고가 자주 나는 고물차라고 할 수 있겠네요. 실행 버튼을 누를 수 없으니 어떤 일을 하면 마무리가 흐지부지되고, 하지 않으면 하지 않은 상태 그대로 방치되는 경우가 대부분인 것입니다.

전환 스위치, 곧 사고계가 발달한 사람은 필요한 때에 필요한 뇌로 전환할 수 있습니다. 그러면 일이 순조롭게 진행되며, 사물을 유연하게 파악할 수 있습니다. 쉽게 말해 인생이 순탄해지는 것입니다. TV 리모컨의 채널 버튼을 누르면 채널이 바뀌듯, 자신의 뇌영역을 자유자재로 다룰 수 있다면 자신이 살고자 하는 방향으로 쉽게 살아갈 수 있습니다. 곧 '내가 꿈꾸는 모습'에 가까워지는 데 효율적인 방법입니다.

✦ **집중할 때는 집중하는 뇌, 쉴 때는 쉬는 뇌**

뇌 스위치를 켜고 끌 때는 온오프on-off 전환을 해야 합니다. 온이란 '지금부터 뇌가 집중하는 것'이며, 오프란 '뇌의 집중을 끝내는 것'입니다.

그리고 온오프 사이에 존재하는 것이 바로 의욕의 지속력입니다. 스위치를 켜면 의욕의 지속력이 유지되어 집중하는 상태가 되고, 스위치를 끄면 집중에서 벗어난 상태가 됩니다. 이것이 바로 전환입니다.

이 의욕의 지속력을 유지하려면 '우뇌의 사고계'가 중요합니다. 뇌 구조상 우뇌의 사고계에서 의욕의 지속력을 만들어내고, 좌뇌의 사고계에서 스위치를 전환하는 것이지요.

사실 우리는 어릴 적부터 뇌의 온오프를 경험하고 있습니다. 예를 들면 운동회에서 달리기를 하면, '준비, 땅!' 소리와 함께 달리기를 시작하는 것이 '온'이며, 결승 테이프를 끊은 후 달리기를 멈추는 것이 '오프'입니다. 또 학교에서 시험을 볼 때 '시작!'이라는 소리에 생각 스위치가 켜지는 것이 '온'이고, '그만!'이라는 호령에 생각 스위치가 꺼지는 것이 '오프'지요.

다만 이러한 온오프 스위치는 대부분 외부 환경의 영향

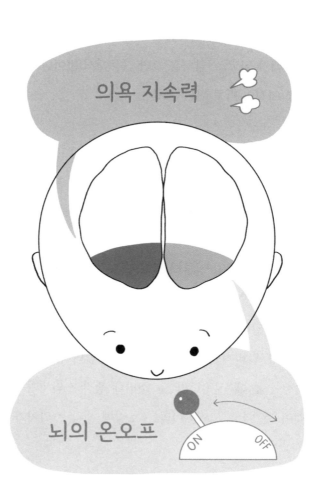

을 받아 작동됩니다. 학생은 운동회나 시험, 성인은 회사의 업무시간이나 일의 마감, 상사의 개인 사정 등 다양한 조건에서 어쩔 수 없이 스위치가 켜지는 것입니다.

자신의 의지로 온오프 스위치를 켜고 끌 수 있다면 시간을 낭비하지 않고 인생을 원하는 대로 살아갈 수 있습니다. 그렇다면 어떻게 해야 자유자재로 뇌의 전환 스위치를 켜고 끌 수 있을까요?

바로 '자신의 의지로 뇌에 지령을 내리는 것'입니다. 스위치를 켜고 끌 때 '시작'과 '끝'이라고 뇌에 말해줍니다. 전환을 의식하는 것이 뇌에 중요하기 때문입니다. 이때 '무엇을 시작한다' '무엇을 끝낸다'와 같이 목적이나 희망을 최대한 구체적으로 정하는 것이 중요합니다. 뇌는 명확한 목적이 없으면 어느 영역을 사용해야 할지 몰라 헤매게 됩니다. 그러다 보면 스위치를 켜는 것도, 끄는 것도 할 수 없어집니다.

'몇 시에 할 것인지' 정확한 시간도 정해야 합니다. 시간을 정하면 기억계가 작용해 스위치를 쉽게 켤 수 있습니다. 만약 의식만으로 전환이 되지 않는다면 종이에 적어서 해야 할 일과 그 시작 시간을 시각화하는 것도 좋습니다.

우뇌의 사고계는 언어기능과 밀접하게 연결되어 있습니다. 메모장에 내용을 적어두면 전달계와 운동계를 쓸 수 있습니다. 그리고 메모장을 다시 보면 시각계에서도 인지할 수 있으므로 전환 스위치가 쉽게 켜집니다.

✦ 뇌에 전환 스위치를 만드는 기본 원칙

뇌의 전환 스위치를 만들고 강화하는 데 유용한 방법을 소개합니다. 일상생활에서도 간단하게 실천할 수 있습니다.

① 온 연습: 아침, 정해진 시간에 일어난다.
② 오프 연습: 저녁, 전등과 TV를 끄고, 잘 준비를 한 다음 잔다.

③ 지속력 연습: 밤 11시 전에는 잠자리에 들고, 하루에 7시간 이상
　은 잔다.

이 세 가지 연습은 뇌과학 명상의 기본 중 기본입니다. 먼저 일주일 동안 시도해보고, 가능하다면 한 달 동안 실천할 수 있도록 연습해보세요.

수면은 뇌에 매우 중요하므로 이 연습은 뇌의 전환 스위치를 켜고 끄는 데 상당한 도움이 됩니다. 아침에는 매일 정해진 시간에 일어나 몸이 스위치를 켰을 때의 리듬을 기억하게 합니다. 이불 밖으로 나오기가 힘들겠지만, 억지로라도 일어나 봅니다.

뇌는 기상함으로써 운동계를 사용합니다. 그리고 양치하고 세수하는 등 운동계를 계속 자극하면 스위치는 쉽게 켜집니다. 일을 잘하는 사람들은 출근 전에 조깅이나 산책, 수영 등을 하기도 하는데, 이런 행동도 마찬가지 기능을 합니다. 그들 나름대로 스위치를 켜는 것이지요.

밤에 어떻게 하느냐가 생각보다 중요합니다. 스위치를 켤 수 있지만 끄지는 못하는 사람이 많기 때문입니다. TV를 보다가 졸음이 쏟아져 전등이나 TV 전원도 끄지 않은 채 잠들어버린 적은 없나요? 이는 아직 뇌의 스위치를 끄지 않은 상태입니다.

잠자리에 들 준비를 한 후 전등과 TV 전원을 끄고, 스마트폰을 멀리한 채 뇌에 '이제 잔다'라고 말해야 비로소 스위치를 끈 것입니다. 스위치가 켜진 상태에서 잠들어버리면 뇌는 제대로 쉴 수 없습니다. 무심코 고민거리를 떠올리거나 새벽에 깨기도 합니다. 또 스위치를 끄지 않으면 아침에 스위치를 켤 수도 없습니다. 이러한 상태가 반복되면 어느새 전환 스위치가 말을 듣지 않게 됩니다.

✦ **전환 스위치를 만드는 데 필요한 시간**

물론 일어나려고 했던 시간에 일어나지 못했거나, 정신

이 말똥말똥해 제시간에 잠들지 못한 날도 있겠지요. 괜찮습니다. 장기적으로 보는 것이 중요합니다. 며칠 못 해도 됩니다. 조금씩 연습해보세요.

그러려면 저녁 9시 이후에는 일에서 손을 떼어야 합니다. 수면 시간을 지키는 것입니다.

뇌의 스위치가 잘 작동되지 않는 사람의 특징 중 하나는 '장기적인 관점에서 시간을 파악하지 못한다'는 점입니다. 실패하면 바로 포기하거나 자책하는 사람도 있는데요. 자유자재로 스위치를 켜고 끌 수 있으려면 어느 정도 시간이 필요합니다.

먼저 일주일 동안 계속 연습합니다. 하루를 시작하면서 뇌의 스위치를 켰다면, 하루를 마무리할 때는 스위치를 정확히 꺼야 한다는 것을 기억하세요. 이 단순 반복이야말로 전환 스위치를 만드는 데 중요한 토대가 됩니다.

이제 소개할 명상은 목적에 따라 스위치를 만드는 방법입니다. 의욕 스위치부터 초조함을 가라앉히는 스위치까지, 외워두면 유용한 뇌 전환 명상이므로 꼭 참고하세요.

1분 동안 천천히 반복해서 옆뛰기

명상 효과 ★ 의욕이 생기는 스위치가 만들어진다

무언가를 해야 하는데 좀처럼 행동으로 옮기기가 어려운 사람, 의욕이 생기지 않는 사람, 뇌의 전환이 쉽지 않은 사람에게 추천하는 명상입니다. 이 명상으로 몸을 움직여 운동계를 활성화하면 생각한 것을 행동으로 옮길 수 있게 됩니다.

◇ 방법 ◇

① 등을 펴고 바른 자세로 섭니다.

② 오른쪽, 왼쪽으로 '반복 옆뛰기'를 합니다. 이 동작을 1분 정도 계속합니다.

처음부터 힘차게 하지 말고, 타이머를 맞춰놓거나 시계를 보면서 좌우로 천천히 10초에 한 번 왕복할 수 있을 정도의 속도로 해봅니다. 익숙해지면 속도를 올려서 1분 동안 10번 왕복할 수 있도록 합니다.

반복 옆뛰기가 뇌 전환 스위치라니 믿을 수 없겠지만, 뇌과학적으로는 나름대로 의미가 있습니다. 자연스러운 뇌 전환에 가장 효과적인 방법은 '오른쪽과 왼쪽을 번갈아 의식하는 것'입니다.

오른쪽 눈과 왼쪽 눈, 오른쪽 발과 왼쪽 발, 오른쪽 손과 왼쪽 손을 각각 번갈아 가며 써도 되지만, 이 모든 것을 더욱 효과적으로 의식할 수 있는 것이 반복 옆뛰기입니다. 몸 전체로 오른쪽과 왼쪽을 의식하기 때문에 전환 스위치를 다루는 연습이 됩니다.

'몸을 움직이는 행위'는 의지 발현을 촉진합니다. 해야 할 일이 있는데도 곧바로 행동에 옮기지 못하는 이유는 사고계에서 '하고 싶지 않다' '귀찮다'라는 생각이 빙빙 돌 뿐 운동계로 전환되지 않기 때문입니다. 따라서 시작하려면 일단 움직여야 한다는 점, 움직임과 동시에 운동계도 활성화된다는 점에서 반복 옆뛰기는 효과적인 명상입니다.

또 몸을 움직일 때는 '자신이 해야 하는 행동을 명확히 떠올리는 것'이 중요합니다. '9시부터는 업무를 시작한다' '10시부터는 다른 업무인 ○○에 착수한다'와 같이 명확하고 구체적으로 떠올리면 뇌가 쉽게 반응해 스위치를 빠르게 전환할 수 있습니다.

앉아서 손으로 천천히 무한대 그리기

명상 효과 ★ 긴장 완화 스위치를 만든다

'긴장 완화 스위치'를 잘 다루면 뇌가 자유로워집니다. 긴장을 풀고 싶을 때, 지친 뇌와 마음을 달래고 싶을 때도 추천합니다. 업무 중 잠깐 짬이 날 때나 쉬는 시간에 틈틈이 해보세요.

◇ 방법 ◇

① 의자에 앉아 가슴 앞에서 양손을 맞대어 합장합니다. 무한대(∞)를 그리듯 양손을 움직이세요.

② 이제부터는 호흡과 함께 시작해봅시다. 양손을 좌우로 무한대를 그리듯 손바닥을 아래로 향합니다. 이때 코로 숨을 들이마셔서 배가 부풀어 오르게 합니다.

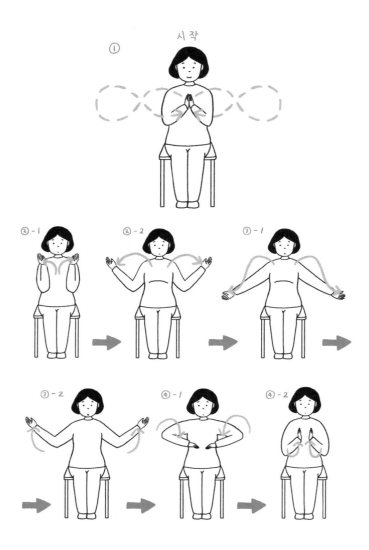

시작

①

②-1 ②-2 ③-1

③-2 ④-1 ④-2

③ 손바닥을 위로 향하게 한 다음, 입으로 숨을 천천히 내쉬면서 무한대를 그리듯이 두 손을 배꼽으로 가져옵니다.

④ 양손이 배꼽 가까이에 오면, 이제는 손바닥을 위로 향하게 한 뒤 코로 숨을 들이마시며 다시 양손을 좌우로 펼칩니다.

⑤ ②부터 ④까지 반복합니다. 10회 1세트로 천천히 따라 해보세요.

⟨ ◦ 포인트 ◦ ⟩

팔만 움직이는 것이 아니라 견갑골부터 움직인다는 생각으로 호흡하면서 천천히 해봅니다. 호흡하면서 명상하기가 어렵다면, 일단 손만 움직여보세요.

⟨ ◦ 해설 ◦ ⟩

이 명상은 일본 수중발레 국가대표팀의 수석코치 이무라 마사요井村雅代와 이야기를 나누다가 고안해낸 방법입니다. 손의 움직임은 수중발레 선수가 물속에서 입영할 때 취하는 동작입니다.

명상은 긴장을 푼 상태에서 하는 것이 중요한데, 그러려면 '올바른 자세'를 유지해야 합니다. 자세가 올바를수록 단련하려는 뇌의 영역에 집중할 수 있습니다. 자세가 바르지 않으면 뇌의 다른 영역이 활성화될 수도 있습니다.

여기서 올바른 자세란 앉은 상태에서 좌우 균형이 잘 잡힌 자세를 말합니다. 몸의 중심을 지나가는 정중선의 연장선상에 머리가 있는 상태입니다. 자세를 올바르게 하려면 좌골부터 반듯하게 앉고, 배꼽 기준으로 9센티미터 정도 아래에 있는 단전을 의식해 등을 똑바로 세워야 합니다.

땅바닥에서 올바른 자세를 취하면 한쪽으로 치우쳐 있던 몸이 바로잡혀 힘도 빠지고 뇌가 편안해집니다. 뇌가 편안해지면 온몸에 있는 근육의 긴장이 풀리고, 운동계뿐 아니라 사고계에서도 필요 없는 활동이 사라집니다. 신경세포가 쓸데없이 산소를 소비하지 않고, 뇌에 산소가 효율적으로 공급되어 사고계의 능력이 좋아집니다.

수중발레 선수는 물속에서 헤엄칠 만한 근력과 체력은 물론 올바른 자세를 갖추었으므로 뇌에 별다른 부담을 주지 않고 수영에만 집중합니다. 그래서 몇 시간이나 계속 물에 떠 있을 수 있습니다.

어떤 상황에도 대응할 수 있는 유연함이 생기고, 무슨 일이 일어나도 당황하지 않고 대응할 만큼 뇌가 만반의 준비를 하고 있는 상태가 편안한 뇌입니다. 이 무한대 동작은 뇌의 편안한 상태를 유지하는 데 효과적입니다.

1분 동안 한곳만 바라보기

명상 효과 ★ 사고를 초기화하는 스위치가 만들어진다

장시간 업무나 공부에 집중한 나머지 사고가 멈춘 적은 없나요? 그런데도 머리를 써야 한다거나 다른 일에 집중해야 하는 상황이라면 사고를 초기화하는 명상을 해봅니다.

◇ 방법 ◇

① 긴 호흡을 합니다.

② 호흡하면서 1분 동안 한곳만 바라봅니다. 어디를 보든 상관없습니다. 여러분의 눈높이에 맞춰 표시를 해도 되고, 종이에 검은 점을 그린 후 벽에 붙여도 됩니다.

시각회로를 의식하며 보는 것에 집중합니다.

저는 여러 가지 일을 하면서 바쁘게 하루하루를 보내고 있습니다. 저희 병원에는 남녀노소를 불문하고 다양한 환자가 내원합니다. 5세 아이부터 80세 어르신에 이르기까지 수많은 환자의 뇌 사진을 보고 분석하며 환자 한 명 한 명을 진단하는 데 상당한 시간을 할애합니다. 그 후 TV 프로그램이나 잡지 인터뷰에 응하고, 경영인을 대상으로 특별한 뇌 사진 감정서를 작성하는 등 다른 업무도 몇 가지씩 병행하고 있습니다.

이런 상태에서도 항상 '맑은 뇌'로 다음 업무에 집중할 수 있는 것은 이 명상 덕분입니다. 이전 업무를 끝내지 않은 채로 다음 업무에 집중할 수는 없기 때문에 저는 항상 '초기화 시간'을 가지려고 합니다.

여기서 소개한 한곳만 바라보는 명상은 시각계 중 극히 일부만을 사용합니다. 지금까지 무리하게 사용해 지친 뇌의 영역을 쉬게 하는 것이지요. 이 명상이 뇌의 초기화로 연결됩니다. 초기화는 과도하게 증가한 뇌 혈류나 혈압을 낮춰줍니다.

저에게는 초기화 스위치가 있습니다. '하루에 몇 번이나 일정을 확인'하는 것입니다. 노트에 오늘 꼭 해야 하는 일을, 우선순위를 정해서 항목별로 적습니다. 손으로 적는 것이 이미 하나의 스위치이므로 익숙해지면 적는 동안 일정을 파악하거나 일의 순서를 생각할 수 있고, 일하는 뇌로 전환할 수 있습니다. 그리고 일정을 하나씩 끝낼 때마다 이 항목에 체크합니다.

필요 이상으로 자주 보고 눈으로 확인하면 뇌가 초기화됩니다. 동시에 다음 일정도 미리 머릿속에 넣어두면 더 집중할 수 있고, 일이 끝난 후에도 원활하게 다음 단계로 전환할 수 있습니다. 꽤 단순한 행동이지만 할 때와 안 할 때의 결과는 천지 차이입니다. 여러 환자에게도 이 명상을 추천했더니 표정이 밝아지고, 업무도 점점 순조롭게 처리할 수 있었다고 합니다.

온몸을 구석구석 천천히 어루만지기

명상 효과 ★ 나로 되돌아가는 스위치가 만들어진다

자신의 마음을 놓치기 쉬울 때는 먼저 정신을 집중해서 몸을 구석구석 어루만지는 것이 중요합니다. 자신을 아끼지 않으면 다른 사람에게도 친절할 수 없으니까요.

◇ 방법 ◇

머리부터 얼굴, 눈, 귀, 목, 팔, 손끝, 배, 허벅지, 종아리, 발가락 하나하나까지 온몸의 피부를 구석구석 부드럽게 쓰다듬듯 천천히 어루만집니다. 어루만질 때는 천천히 긴 호흡을 합니다.

눈을 감고 어루만지고 있는 부분을 제대로 의식하세요.

누구나 우울해지거나 풀이 죽을 때가 있습니다. 이 상태가 계속되면 사람을 만나기가 귀찮아져 숨어버리거나, 자책하다가 침울해지기도 합니다. 기분이 더 가라앉기 전에 꼭 이 명상을 해보세요.

사람은 자신감을 잃거나 우울해지면 내 몸에 정신을 집중할 수 없습니다. 어깨결림이나 요통이 있는데도 눈치채지 못하고 무리하거나, 옷차림에도 신경 쓰지 않아 자신이 어떤 모습인지도 모릅니다. 꾸깃꾸깃한 실내복에 부스스한 머리로 출근하기도 하고, 심하면 계절이 바뀐 것도 알아채지 못합니다.

자신이 이런 상태라면 스스로 자신의 몸을 어루만져주세요. 사고계를 포함한 전두엽의 부담을 덜기 위해서기도 하지만, 가장 큰 목적은 감정계를 자극하는 것입니다.

천천히

감정계는 인간의 감수성과 감각을 담당하는 곳으로, 운동계 바로 뒤에 위치합니다. 이곳을 자극하면 자신의 감정에도 정신을 집중할 수 있습니다. 쉽게 말해 '정신 차리기'가 가능하지요.

원래 인간의 뇌에서 가장 먼저 발달하는 뇌의 영역이 운동계와, 감각에 관련된 감정계입니다. 양수로 가득 찬 엄마 배 속에서부터 감각이 발달하기 시작하는데, 세상으로 나와 공기와 접촉하고 바람을 맞아 중력을 느끼면 감각은 더욱 자극됩니다. 중력을 받으면 항중력근이 작용하는데, 이를 통해 우리는 비로소 자신의 몸이 무겁다는 것을 자각하게 됩니다.

성인이 되면 뇌의 다른 영역이 발달하기 때문에 이러한 감각은 쉽게 희미해집니다. 자신의 몸무게나 균형, 중심을 의식하는 일이 없어지고, 감각도 둔해지므로 자신의 몸에 신경 쓸 일이 없어지는 것입니다. 그리고 감각이 약해지면 감정도 둔해집니다. 특히 여러 가지 일을 하면서 바쁘게 사는 현대인은 자기 본연의 모습을 되돌아볼 기회가 거의 없습니다.

가끔은 자신의 몸에 정신을 집중해보세요. 그저 몸을 직접 어루만지기만 해도 감정계가 자극받아 살아 있다는 감각이 예민해집니다. 자신에게 집중하기를 습관화하면 지금까지 체감하지 못했던 몸의 결림이나 통증은 물론 컨디션까지 알아차릴 수 있습니다. 몸의 건강뿐 아니라 치매 같은 뇌 건강에도 신경 쓸 수 있게 되지요.

이 감각 스위치를 켜면 컨디션이 좋아지고, 딱딱하게 굳어 있던 사고계가 풀립니다. 따라서 사물을 느끼거나 파악하는 방법, 생각하는 관점 등도 자연스럽게 바뀌므로 뇌를 초기화하는 데 효과적입니다.

운동계를 작동시키는 몸동작

명상 효과 ★ 초조함을 가라앉히는 스위치가 만들어진다

화가 나거나 초조해지면 감정을 조절하기 어려워져 다른 사람에게 화풀이를 하거나 자제력을 잃기도 합니다. 이러한 감정을 가라앉히기 위해서는 분노와 전혀 관계없는 뇌영역을 활성화하는 것이 가장 좋습니다.

〈 방법 〉

- 손발을 최대한 크게 흔들며 '두 발 번갈아 뛰기'를 합니다.
- 눈을 감고 30초씩 좌우로 '한 발 서기'를 합니다.

한 발 서기를 할 때는 머리부터 발끝까지 의식해야 넘어지지 않습니다.

화가 나거나 초조한 것은 대부분 사고계와 감정계가 어지러운 상태입니다. 분노의 감정이 사고계로 이어지면 생각하지 않아도 되는 것까지 생각하게 됩니다. 또 감정계가 분노로 가득 차면 이성이 통하지 않고, 상대방을 이유 없이 미워하며, 굳이 할 필요가 없는 말까지 입 밖으로 내뱉게 되지요.

감정이 앞서기 전에 운동계를 제대로 작동시켜 보세요. 짜증이나 분노를 만들어내는 감정계는 운동계와 아주 가까이에 있습니다. 그러므로 운동계를 집중적으로 사용하면 감정계의 활동을 제한해 짜증이나 분노를 억누를 수 있습니다.

두 발 번갈아 뛰기는 운동계를 사용하기 위한 하나의 예시입니다. 이 밖에도 에어로빅을 해서 몸을 움직이거나 양손을

써서 요리를 하는 것 역시 운동계를 다방면으로 사용하는 데 효과적입니다. 또 양손을 벌리고 위를 쳐다보세요. 어느새 화가 가라앉았을 것입니다.

참고로 이 스위치를 만들었다고 해서 분노의 원인이 해결되는 것은 아닙니다. 원인 자체를 해결하려면 다른 방법이 필요합니다.

예를 들면 분노의 원인에서 물리적으로 멀어지는 방법이 효과적입니다. 분노의 원인을 '물건'으로 간주하고 보이지 않는 곳에 숨깁니다. 뚜껑을 덮거나 찬장에 숨기는 등 분노와 관련된 것은 눈앞에 두지 않는 것입니다. 이것은 앞에서 소개한 '불쾌한 기억에 끌려다니지 않는 명상'과도 일맥상통하는 방법입니다.

화가 가라앉으면 그 문제를 다시 생각해보세요. '분노의 원인과 시간 차이를 두는 것'은 효과적입니다. 보이지 않았던 문제가 보이거나 시점을 바꾸어 생각하게 될 것입니다.

화가 나면 다량의 혈액이 갑자기 뇌로 흘러 들어갑니다. 흔히 말하듯 '피가 뇌로 쏠리는 상태'가 되지요. 그런데 뇌의 혈류가 증가했다고 해서 그만큼 신경세포가 원활하게 작용하는 것은 아닙니다. 오히려 뇌가 활성화하지 않는데도 피가 뇌로 쏠리는 비효율적 뇌 활동 상태가 됩니다.

평소에는 혈류가 증가해도 몇 초 만에 줄어들지만, 분노나 짜증과 관련된 감정계에서는 혈류가 증가하면 쉽게 줄어들지 않는다는 특징이 있습니다. 심한 경우 1시간이 넘도록 원래 상태로 돌아오지 않을 수도 있습니다. 그러므로 혈류가 어느 정도 줄어들 때까지 시간을 벌어야 하는 것입니다.

6장

더 나은 삶을
살고 싶다면,
뇌의 균형을 되찾아라

내가 아니라
'뇌'가 문제였다

저는 지금까지 소개한 뇌과학 명상을 병원에서 치료법으로 활용하고 있습니다. 병원에서는 먼저 내원한 환자의 뇌 MRI 사진을 촬영합니다. 뇌 사진을 보면서 뇌의 특징이나 사용법을 읽어내면, 문진이나 진찰로는 절대 알 수 없는 환자의 특성이나 고민 등 본인도 모르는 뇌의 특성을 확실하게 알 수 있습니다.

내원하는 환자는 모두 다양한 고민을 안고 삽니다. 몇 년째 집 밖으로 나오지 않는 중학생, 등교를 거부하는 학생, 후배의 생각을 이해할 수 없다는 대기업 대표, 웃지 못하는 스님, 불륜의 끈을 끊고 싶지만 끊을 수 없는 여성, 자신의 잠재능력을 살려 취업하고자 하는 대학생 등입니다. 이 밖에도 사업 성공을 위해 기획력을 높이고자 문을 두드리는 사람도 있고, 커뮤니케이션 능력을 키우고자 내원하는 사람도 있습니다. 이런 각자의 고민을 해결하고 싶어 직접 찾아오는 사람도 있고, 정신건강의학과에 다니고 있지만 전혀 차도가 보이지 않는다며 가족의 손에 이끌려 오는 사람도 있습니다.

어쨌든 누구에게나 더 나은 삶을 살고 싶고 더 행복해지고 싶다는 소망이 있는 것 같습니다. 그래서 뇌 진단 결과에 따라 여덟 개의 주요 뇌영역 중 각자의 문제에 활성화시켜야 하는 뇌의 영역을 골라 명상을 추천합니다. 실제로 직접 뇌에 접근해서 뇌영역을 선택적으로 강화하면 다양한 변화가 나타납니다.

마음속에 안고 있던 고민이 사라졌다는 사람, 스트레스

가 줄었다는 사람, 삶의 질이 좋아져 사는 재미를 느낀다는 사람 등 다양한 환자의 변화를 가까이에서 지켜보며 뇌과학 명상의 효과를 실감했습니다.

✦ 통제감을 잃어버렸다면 뇌의 불균형을 의심할 것

A는 약 200명의 사원을 거느린 회사의 대표였습니다. 수많은 사람과 만나는 대표인 만큼 확고한 의지와 자세로 사원을 육성해야 했지요. 하지만 A는 직원이나 고객 등 주변 사람을 지나치게 존중하는 버릇이 있었습니다. 그렇게 사람들이 하는 말을 곧이곧대로 받아들이다 보니 무엇이 자신에게 진실인지 파악하지 못하게 된 채로 내원했습니다.

A는 병원에 올 때마다 얼굴뿐 아니라 사물을 바라보는 시선과 정신상태도 휙휙 바뀌기 일쑤였습니다. 자신을 통제할 수 없으니 스트레스가 쌓이고, 정신이 불안정한 상태였습니다.

A의 뇌 사진을 보니 우뇌와 좌뇌의 균형이 깨져 있다는 점을 확실하게 알 수 있었습니다. 애초에 우뇌와 좌뇌는 성질이 다릅니다. 간단히 말하면 우뇌는 '다른 사람을 대할 때 쓰는 뇌'이며, 좌뇌는 '자신을 대할 때 쓰는 뇌'입니다. A의 문제는 다른 사람의 감정을 지나치게 의식해 주로 우뇌만 쓰는 탓에 자신의 기분을 돌보지 못한 점이 원인이었습니다.

먼저 이 불균형을 바로잡기 위해 A에게는 '기억력을 높이는 명상'을 추천했습니다. 또 너무 자주 고민하는 습관이 있었으므로 고민이 생겼을 때는 고민에서 뇌를 해방시키는 뇌 초기화 명상도 병행하도록 했습니다.

그러자 쉴 새 없이 뒤바뀌던 태도와 이랬다저랬다 하던 감정이 점차 평온을 찾았습니다. 그 결과 안정된 정신상태로 회사를 꾸려나갈 수 있게 되었고, 회사의 실적도 좋아졌다고 합니다.

고등학생인 B는 학교 성적이 항상 상위권에 드는 모범생이었습니다. 부모님과 사이도 좋아 지금까지는 이렇다 할 문제도 없었습니다. 하지만 언젠가부터 갑자기 달라졌습니다. "꺼져!" "죽여버릴 거야!"라며 소리를 지르기도 했습니다.

B의 어머니가 "우리 애가 이상해졌다"라며 병원에 데리고 왔습니다. B는 확실히 행동이 산만하고 호흡도 비정상적으로 옅은 상태였습니다. 배에 힘이 들어가지 않는 것처럼 보였으며, 정신이 다른 데 팔려 있는 듯한 느낌을 받았습니다.

뇌 MRI 사진을 보니 '듣기 능력'이 매우 뛰어났습니다. 청각계가 발달되어 있어 학교 공부에는 무리가 없어 보였습니다. 수업은 대부분 강의형으로 진행되므로, 다른 사람의 이야기를 잘 듣지 못하는 사람이 앉아서 수업을 듣는 것은 정말 힘든 일이기 때문입니다.

이러한 사실로 미루어, B의 문제는 '주변 소리에 민감해 쉽게 반응'하는 것으로 보였습니다. 어머니에게 최근 일상생활에 변화가 있었다면 사소한 것이라도 좋으니 알려달라고 하자, "아들의 상태와 관련이 있는지는 모르겠지만, 최근 집 근처에서 도로 공사가 시작되었다"라는 답을 들었습니다.

계기는 '공사 소음'이었습니다. 뇌에 있는 청각계의 신경세포가 격렬한 외부 자극을 여러 차례 받은 탓에 뇌의 균형이 깨지자, 이상행동으로 치닫게 된 것입니다.

B에게는 먼저 긴 호흡부터 시작하도록 했습니다. 깊고 길게 호흡하면서 자신의 내면에 정신을 집중하게 했습니다. 주변에만 신경 쓰던 B에게 긴 호흡이 효과가 있었습니다. 단지 의식적으로 호흡을 바꾸었을 뿐인데 그날 이후로는 소리를 지르지 않는다는 어머니의 연락을 받았습니다.

만약 A나 B가 다른 신경과나 정신건강의학과에 갔다면 특정 질병으로 진단받았을지도 모릅니다. 하지만 저는 뇌를 제대로 쓰지 못하고 있는 것이 문제의 원인이며, 이는 뇌 사용법을 익히면 해결할 수 있다고 생각합니다.

✦ 보는 힘을 잃어버려도 마음에 문제가 생긴다

지금까지 진행해온 연구 중 시각계와 관련해 내린 결론이 하나 있습니다. 바로 시각계를 쓰지 못하게 되면 마음이 병들어버린다는 것입니다.

병원에는 우울증, 은둔형외톨이, 불면증, 초조함, 불안 등 정신적 고민 때문에 힘들어하는 사람이 많이 옵니다. 이러한 사람의 뇌 MRI 사진에서는 시각계의 가지가 덜 발달한 모습을 종종 볼 수 있습니다. 문진을 해봐도 그들의 눈은 아무것도 보고 있지 않습니다. 볼 수 없다고 말하는 편이 정확할 것 같습니다.

웃음이 없어졌다는 스님 C가 병원을 찾아온 적이 있습니다. C는 처음 만났을 때 희로애락이라는 감정을 잊은 듯 무표정했습니다. 그저 앞만 바라볼 뿐, 눈동자가 전혀 움직이지 않았습니다.

C의 뇌 사진을 보니, 예상대로 시각계를 거의 사용하지 않는 상태였습니다. C의 눈에는 아무것도 비치지 않았습니다. 물론 눈은 보이지만, 눈동자에 풍경이 비치기만 할 뿐 풍경을 이해하고 기억하거나 자신의 감정에 녹여내지 못했습니다.

그렇다면 C가 시각계를 쓸 수 없게 된 이유는 무엇일까요? 인간은 고민에 지배당하면 사고계나 감정계를 쓰게 됩니다. 평소에는 운동계나 전달계를 쓰면 뇌를 유연하게 활성화시킬 수 있지만, 고민에 빠진 사람은 같은 뇌영역만 쓰게 되므로 이러한 상태를 바꾸기가 쉽지 않습니다. 그러면 시각계를 활용할 기회가 적어지고, 시각회로를 쓸 수 없게 되므로 보는 힘이 저하되는 것입니다.

보는 힘을 회복시키기 위해 C에게는 2장에서 소개한 '보는 힘을 기르는 명상'을 추천했습니다. 아니나 다를까 그 후 C는 언제 그랬냐는 듯 말끔히 나아졌습니다.

인생에 뇌과학 명상이
필요한 순간

실제로 병원에 내원하는 사람은 다양한 변화를 체감하고 있습니다. 앞서 언급한 사람들은 극히 일부에 불과합니다. 집에서 한 발짝도 나오지 않았던 사람이 어느새 집 밖으로 나오고, 툭하면 화를 내던 사람이 온화해지며, 무표정했던 사람이 웃기도 합니다. 확 바뀐 모습이 믿기지 않을 정도지요. 이러한 변화가 일어난 데에는 뇌과학적인 이유가 있습니다.

✦ 효과 ① 뇌 가지가 발달한다

뇌에는 신경세포가 밀집한 '피질'과 신경섬유가 다발로 모인 '백질'이 있습니다. 피질은 실제로 무언가를 생각하거나 정보를 처리하는 곳입니다. 한편 백질은 피질과 피질을 연결합니다. 말하자면 광대역 역할을 하는 것이지요. 피질이 발달하면 동시에 백질의 표면적도 넓어지며 발달해갑니다.

나무를 떠올려보세요. 저는 피질과 백질이 성장하는 모습이 마치 나무 같다는 의미에서 뇌 가지라고 부릅니다. 갓 태어난 아기의 뇌에는 뇌 가지가 거의 없지만, 다양한 경험이나 기억이 쌓일수록 뇌 가지는 발달합니다. 뇌 가지가 풍성할수록 뇌는 건강하며 생기 넘치는 상태라고 할 수 있습니다.

뇌과학 명상에서는 목표로 삼은 뇌영역의 뇌 가지를 집중적으로 두껍고 길게 발달시킵니다. 그리고 두꺼운 줄기

에서 사방으로 가지를 뻗쳐 뇌라는 나무를 자라게 합니다.

✦ 효과 ② 발달이 더딘 신경세포가 활성화된다

누구의 뇌에나 발달이 더딘 신경세포는 많습니다. 인간의 뇌에는 약 860억 개의 신경세포가 있지만 일상생활에서 우리가 사용하는 신경세포는 1퍼센트도 채 되지 않습니다. 나머지 신경세포는 사용하지 못하고 있습니다. 말하자면 놀리고 있는 상태이지요.

저는 이런 신경세포를 '잠재능력세포'라고 부릅니다. 잘 쓰기만 하면 성장 가능성이 높아지기 때문입니다. 뇌과학 명상은 이 잠재능력세포를 자극합니다. 뇌에 있지만 사용되지 않아 녹슬었던 신경세포를 자극해 활성화되도록 깨우는 것입니다.

쓰이지 않던 신경세포가 활동하게 되므로 지금까지 하

지 못했던 일을 할 수 있게 되고, 사물을 보는 시선이 바뀔 것이라는 점은 조금만 생각해보면 쉽게 알 수 있습니다. 뇌 가지를 왕성하게 뻗치고, 발달이 더딘 신경세포에 생명을 불어넣는다면 뇌는 확실히 변합니다. 물론 뇌가 바뀌는 시점에 여러분 자신도 과거와는 180도 달라질 것입니다.

✦ 효과 ③ 뇌 가지의 균형이 잡힌다

뇌과학 명상에서는 뇌라는 나무를 균형 있게 키우는 것에도 초점을 맞춥니다. 뇌 가지가 균형 있게 무럭무럭 뻗어 있는 사람일수록 원하는 대로 인생을 헤쳐나갈 수 있습니다.

하지만 안타깝게도 뇌 가지의 균형이 깨져 있는 사람이 대부분입니다. 즉 뇌가 비뚤어진 것입니다. 사람은 누구나 잘하는 것이 있고 서툰 것이 있습니다. 잘하는 부분은 신경세포가 성숙하며 가지도 쑥쑥 자라 있습니다. 반면 서툰 부분은 신경세포가 덜 발달되어 있으며 가지가 가냘픕니다. 여러분이 '저렇게 되고 싶다' '이렇게 되고 싶다'라며 고민하는 이유는 바로 뇌 가지가 덜 발달했기 때문입니다.

뇌 가지의 균형이 나쁜 사람일수록 고민하고 괴로워하거나 자기 본연의 모습을 잃어버리기 쉽습니다. 그러므로 자신의 모습을 바꾸고 싶다면 뇌 가지의 균형을 잡아야 합니다. 뇌를 자유자재로 다루는 명상을 익혀둔다면 충분히 가능합니다.

✦ 당신의 뇌는 당신을 돕고 싶어한다

우리는 태어나서 지금까지 뇌 사용법을 배운 적이 없습니다. 누구나 뇌라는 훌륭한 보물을 갖고 있지만 그 사용법을 알지 못합니다. 너무나도 안타까운 일이지요.

저는 학교에서 뇌 사용법과 그 본질을 가르쳐야 한다고

생각합니다. 뇌의 감수성이 높을 때 뇌 사용법을 조금이라도 익혀두면 자신과 다른 사람을 비교해서 움츠러드는 일도 없을 것이고, 나 자신 때문에 힘겨워하거나 쉽게 화를 내는 일도 억제할 수 있을 것입니다.

자신의 감정을 주체하지 못하는 것은 뇌가 한창 발달하고 있기 때문입니다. 쉽게 짜증을 내는 것은 뇌에 정보가 부족하기 때문입니다. '모르는 것'이 원인이지요. 이러한 뇌 메커니즘을 이해하고, 자신의 행동이나 기분을 하나하나 설명할 수 있다면 감정이 폭발하는 일도 없을 것이며, 마음속 초조함도 사그라들 것입니다. 인간관계 때문에 고민하는 일도, 업무가 순조롭게 풀리지 않는 일도, 마음에 여유가 없어 답답해하는 일도 줄어들겠지요.

저는 오랜 세월 뇌 명상을 실천한 덕분에 지금은 이러한 초조함이 싹 사라졌습니다. 뇌는 언제 어디서나 여러분에게 도움이 되기를 바라고 있습니다. 생겨났을 때부터 가지를 뻗쳐 나가려는 준비를 마치고, 도움을 주는 순간을 누구보다도 고대하고 있는 것입니다.

MRI라는 최첨단 의료기술로 뇌에 접근하면 이러한 뇌의 목소리를 사실적으로 듣거나 볼 수 있습니다. 환자 중에는 뇌에 장애가 있는 분도 뇌과학 명상을 비롯해 다양한 치료법을 쓰자 이전과는 달라진 모습으로 성장하기 시작했습니다. 이러한 변화를 마주할 때마다 뇌에는 인간에게 도움이 되고자 하는 의지와 발달하려는 의지가 있다는 것을 다시 한번 확신합니다.

모든 사람은 인생을 즐기는 데 훌륭한 도구가 되는 뇌를 갖고 있습니다. 여러분도 뇌과학 명상으로 뇌의 여덟 개 영역을 자유자재로 활용하면서 뇌의 무한한 가능성을 느껴보시기 바랍니다. 분명히 여러분의 인생에 새로운 기쁨이 될 것입니다.

행복을 끌어당기는 뇌과학

코로나19 팬데믹 시대를 지나면서 이전과는 다른 생활 방식과 근무방식 탓에 미래를 불안해하는 사람도 많을 텐데요. 저 역시 업무에 여러 가지 제약이 생겼습니다. 당연하겠지만 기존의 방식대로 일하기가 어려워졌습니다. 원격으로 진행되는 회의나 강연, 인터뷰가 늘었고, 팬데믹 전에는 하루에 카페를 세 군데나 돌아다녔지만 1년 넘게 카페 투어를 하지 못하는 등 생활 리듬이나 일상이 바뀌었습니다.

코로나19로 힘들었던 2021년 봄, 어느 대기업의 사원급

직원들을 대상으로 온라인 강의를 했을 때의 일입니다. 지금까지 경험해본 적 없는 재택근무 때문에 사원 모두가 상당히 스트레스를 받고 있었습니다.

온라인 강의에서는 뇌에 스위치가 있어 의도적으로 온오프 전환을 할 수 있다는 점을 설명했습니다. 5장에서 다룬 내용이기도 하지요. 매일 회사에 출근하는 대면근무와 재택근무의 가장 큰 차이점은, 재택근무를 하면 뇌의 온오프 전환이 거의 일어나지 않는다는 것입니다. 그러므로 재택근무를 할 때는 의식적으로 뇌 스위치를 전환해야 한다고 강조했는데, 그 결과 일의 효율이 높아지고 성과도 순조롭게 거두고 있다고 합니다.

사회나 환경은 많이 변했지만, 저는 스트레스를 심하게 받은 적이 거의 없었습니다. 그 이유는 제가 지금까지 몇십 년 동안 해왔던 뇌과학 명상 덕분이라고 생각합니다. '이 위기 상황에서 나는 무엇을 할 수 있는가?' '내가 업무를 제대로 할 수 있는 방식은 무엇인가?' 등을 고민하며 불가능한 것 때문에 한탄하기보다는 가능한 방법을 찾도록 뇌를 전환했습니다.

특히 마음의 안정을 찾고자 할 때 제가 자주 사용하는 방법이 있습니다. 바로 《반야심경》을 외우는 것입니다. 천천히 '불설 마하반야바라밀다심경……'이라고 소리 내서 외웁니다. 중얼중얼 혼잣말을 하면 주변 사람들이 놀랄 수도 있으니 혼자 산책할 때나 목욕할 때 외우는데, 뇌과학적으로도 효과가 있습니다.

제 인생에서 명상이란 늘 함께 있는 것이자 제 자신을 바꾸어준 소중한 것입니다. 자신의 뇌를 마음대로 움직일 수 있다면 문제는 결코 문제가 아니며, 막다른 골목으로 보이던 길에서 또 다른 길이 보입니다. 눈앞을 가로막은 벽 또한 극복해야 할 벽으로 받아들이게 됩니다.

여러분이 뇌과학 명상으로 행복한 인생을 살 수 있기를 바랍니다.

최적의 뇌를 만드는
뇌과학자의 1분 명상

초판 발행 · 2023년 12월 20일

지은이 · 가토 토시노리
옮긴이 · 김지선
발행인 · 이종원
발행처 · (주)도서출판 길벗
브랜드 · 더퀘스트
출판사 등록일 · 1990년 12월 24일
주소 · 서울시 마포구 월드컵로 10길 56(서교동)
대표전화 · 02)332-0931 | **팩스** · 02)323-0586
홈페이지 · www.gilbut.co.kr | **이메일** · gilbut@gilbut.co.kr
대량구매 및 납품 문의 · 02) 330-9708

기획 및 책임편집 · 안아람(an_an3165@gilbut.co.kr) | **편집** · 박윤조, 이민주 | **제작** · 이준호, 손일순, 이진혁
마케팅 · 한준희, 정경원, 김선영, 이지현 | **영업관리** · 김명자, 심선숙 | **독자지원** · 윤정아

디자인 · 정현주 | **교정교열** · 상상벼리 | **인쇄 및 제본** · 예림인쇄

ISBN 979-11-407-0733-1 03190
(길벗 도서번호 040231)

정가 16,800원

독자의 1초까지 아껴주는 정성 길벗출판사

(주)도서출판 길벗 | IT교육서, IT단행본, 경제경영서, 어학&실용서, 인문교양서, 자녀교육서 **www.gilbut.co.kr**
길벗스쿨 | 국어학습, 수학학습, 어린이교양, 주니어 어학학습, 학습단행본 **www.gilbutschool.co.kr**

페이스북 **www.facebook.com/thequestzigy**
네이버 포스트 **post.naver.com/thequestbook**